Ines Fürstenau-Ellerbrock
und die Pfadfinder „Fläminger Wölfe“

Von Drachen, Hühnern und Pfadfindern

Sechs völlig durchgeknallte Gute-Nacht-Geschichten
für kleine Wölflinge

Verlag Andrea Schröder

Bibliografische Information der Deutschen Bibliothek:
Die Deutsche Bibliothek verzeichnet diese Publikation in der Deutschen Nationalbibliografie; detaillierte bibliografische Daten sind im Internet über www.d-nb.de abrufbar.

Luise Schiller

Verlag Andrea Schröder, Inhaber Jens Koch, Bernau
www.verlag-andreaschroeder.de

Text und Illustrationen: Ines Fürstenau-Ellerbrock
und die Pfadfinder "Fläminger Wölfe"
Cover: Friedrich Ganzer mit zusätzlichen Motiven von
Frieda Herzog, Josephine Oberhammer und Fiona Zepmeisel
ISBN: 978-3-944990-63-7
1. Auflage

Heiko Krischker

Inhaltsverzeichnis

Hannah Ganzer

Vorwort

Tja, was so alles entsteht, in einem simplen Pfadfinderzeltlager, in einem sonnigen Sommer 2018, auf einem schönen Campingplatz in Prahljust im Harz...

Sieben Tage, sechs Nächte waren die Pfadfinder „Fläminger Wölfe" in Begleitung der Pfarrerin Ines Fürstenau-Ellerbrock dort. Und irgendwie hat es sich auf ihren Zeltlagern so eingewöhnt, dass es abends, wenn sich alle in ihre Schlafsäcke gemummelt haben und Luthers Abendsegen gesprochen ist, immer noch eine kleine Gute-Nacht-Geschichte gibt (meist als Fortsetzungsgeschichte über die ganze Zeit). Mehr wohl für die kleinen Wölflinge, aber - so schien es zumindest - auch bei den Größeren nicht unbeliebt.

Als Erzählerin auserkoren war selbstverständlich - wie sollte es anders sein - die Älteste unter den Anwesenden, Ines Fürstenau-Ellerbrock.

Die Erzählung der Geschichten fängt immer auf die gleiche Weise an: eine Öllampe wird angezündet, die anwesenden Pfadis und Wölflinge rufen der Erzählerin ein paar Stichworte zu, die in der Geschichte auftauchen sollen... und dann muss diese aus den unmöglichsten Begriffen eine spontane Story zusammenschustern, die möglichst auch noch an die vom Vorabend anschließt.

Das geht anfangs noch vergleichsweise leicht, wird aber erfahrungsgemäß immer schwieriger, je mehr die Anwesenden geradezu ein Spiel daraus machen, die abwegigsten Dinge zu nennen, um zu gucken, was die arme Erzählerin wohl DARAUS macht.

Anders lässt sich wohl kaum der Irrsinn so mancher Episode erklären. Was soll man schon machen, wenn Worte wie ***Berg, Melone, Manuel Neuer, Nationalmannschaft, Auto, Auenland und Hobbits*** genannt werden? Oder eine Kombi wie ***noch mehr Drachen, Marzipan, Schokolade, Wüstenkamelhuhn, Wasserhahn, Klobürste, Strand und Oli***? Dagegen nahm sich die Vorgabe ***Fuchs, Huhn, Wasserfall, „Achtung! Gefahr!"-Schild und Berg*** oder auch ***Nordpol, Eis, Marshmallow, Drache und Marvin*** noch harmlos aus. Selbst aus ***Wüste, Wüstenhuhn, Wüstengazellenhühner, Ines Fürstenau, Paradiesbaum, Jens*** ließ sich noch vergleichsweise gut etwas machen.

Am letzten Abend hatten sie wohl ein Einsehen und ließen Ines Fürstenau-Ellerbrock mit ***Wiese, Apfelkern, Drachenjurte, Öllampe, ein durch eine Öllampe verursachtes Feuer und Kaninchen*** noch vergleichsweise glimpflich davonkommen.

Dass trotz allem Irrsinn und Klamauk auch tiefsinnige Gedanken in diesen Geschichten zu finden sind, liegt wohl einfach daran, dass es sich im Grunde irgendwie immer um Pfadfinder dreht, denen eine gewisse Geisteshaltung eigen ist, die sich in den Texten niederschlägt.

Wer nun allerdings eine „pädagogisch-wertvoll“ durchdachte Lektüre erwartet, den muss ich warnen: Es werden mitnichten gesunde Ernährungsweisen beschrieben, sondern bergeweise zuckrige Marshmallows vertilgt. Statt Besonnenheit und Risikovermeidung zu lehren, wird mir nichts, dir nichts eine waghalsige Unternehmung nach der anderen begonnen. Und wer da nach Ernsthaftigkeit sucht, der wird vergeblich suchen.

Denn am Ende geht es schlicht und einfach um Geschichten, die Spaß machen.

Und Spaß machen die meisten Sachen, wenn man sie gemeinschaftlich unternimmt, wenn man Gewalt ächtet und einfach gut miteinander ist.

Ines Fürstenau-Ellerbrock hat schon auf so manchem Zeltlager Gute-Nacht-Geschichten erzählt. Und häufiger dachte sie bei sich, dass man sie eigentlich aufschreiben könnte. Bei diesen hier ist es ihr nun endlich gelungen.

Entstanden sind sechs völlig durchgeknallten Gute-Nacht-Geschichten für kleine Wölflinge.

Hier und da, wo es nicht schon durch die Vorgaben geschehen ist, hat sie versucht, die Namen der Pfadfinder und Wölflinge einzubauen. Dabei spielt weder die Rolle noch die Häufigkeit der Namensnennung eine Rolle oder sagt gar (Gott bewahre!)

etwas über die Beliebtheit oder sonst abstruser „Rankings“ aus.

Wer es so verstünde, verstünde das, was bei den Pfadfindern vermittelt wird, tatsächlich sehr falsch!

Auch die so benannten Charaktere in der Geschichte sind (wenn überhaupt!) den realen Charakteren ihres Rudels nur angelehnt und sollen mitnichten eine Charakterbeschreibung realer Personen darstellen!

Im Grunde möchte Ines Fürstenau-Ellerbrock nichts weiter, als diese kuriosen Geschichten, die im Harz in der Jurte allabendlich entstanden, bewahren und weitergeben. Sie sind für alle zum Nachlesen, egal ob sie dabei waren oder nicht.

Und last but not least: alle, die noch nicht so gut lesen können - lasst es Euch vorlesen. Und um es mal mit den Worten des Drachen Marvin zu sagen:

Danke von Herzen!
Danke, dass ihr mitmacht,
euch auf diesen Weg wagt…
gemeinsam und in Frieden…

Die „Fläminger Wölfe“ übrigens gibt es mittlerweile schon seit unglaublichen neun (!) Jahren.

Wenn ***das*** mal nicht merkwürdig ist…

Josephine Oberhammer

Luise Schiller

Kapitel 1:

Hennriette-Frieda geht auf Fahrt

Frieda Herzog

Es war einmal ein Huhn. Das hieß Hennriette-Frieda. Sie war kein gewöhnliches Huhn: Hennriette-Frieda war ein Pfadfinder-Huhn. Und bis zu diesem Teil der Geschichte das Einzige ihrer Art.

Hennriette-Frieda lebte zusammen mit 11 anderen Hühnern in einem Stall auf einem Bauernhof. Nach Hühnermaßstäben ging es ihnen dort gut: sie hatten ein schönes, großes, umzäuntes Gehege, bekamen jeden Tag feine Körner zum Picken und frisches Wasser. Abends, wenn alle Hühner vom Gehege zurück in den Stall gewandert waren, sich auf ihre Stangen gesetzt und sich zum Schlafen aufgeplustert hatten, schloss Bauer Heinz die Tür - damit ja kein Fuchs hereinkäme. Und am Morgen, wenn alle Hühner und Bauer Heinz ausgeschlafen hatten, machte er die Tür wieder auf. Eigentlich ein ganz passables Hühnerleben für gewöhnliche Hühner.

Aber wie gesagt: Hennriette-Frieda war kein gewöhnliches Huhn. Manchmal spotteten die anderen Hühner, wenn Hennriette-Frieda mit ihrem Halstuch durchs Gehege gohckte und mit Regenwürmern Knoten knoten übte. Das war ja auch sehr merkwürdig. Denn so viele Hühner mit Halstüchern gibt es ja nicht. Aber Hennriette-Frieda scherte sich nicht weiter darum.

Eines Tages beschloss Hennriette-Frieda, dass sie doch mal eine richtige Fahrt unternehmen müsste. Denn was ein richtiges Pfadfinder-Huhn ist geht auch mal auf Pfadfinderfahrt.

Heimlich packte sie sich ihren kleinen Rucksack voller Körner und versteckte ihn im Gehege. Als es dämmrig wurde, kauerte sie sich, ganz dicht an den Boden geduckt, in eine Kuhle hinter einem Busch nahe des Zauns und blieb dort mucksmäuschenstill sitzen. Nach und nach verschwanden die Hühner im Stall. Hennriette-Frieda rührte sich nicht. Sie hörte das vertraute Quietschen der Tür und das Klappern des Riegels, als Bauer Heinz den Stall zu machte. Dann war sie allein.

Leopold Stüve

Als sie sich sicher war, dass alle schliefen - die Hühner und Bauer Heinz - stand sie aus ihrer Kuhle auf. Die schmale Mondsichel stand schon am Himmel und die ersten Sterne kamen hervor. Nur im Westen war noch ein breiter hellblauer Streifen überm Horizont zu sehen, da, wo die Sonne untergegangen war. Hennriette-Frieda stand mit prüfendem Blick vor dem Zaun.

Dann nahm sie Anlauf. So schnell sie konnte, rannte sie auf den Zaun zu und schlug, so kräftig sie konnte, mit ihren Flügeln. Es war haarscharf. Aber es gelang. Etwas holperig landete sie auf der weichen Wiese jenseits des Zauns. Hennriette-Frieda schüttelte sich kurz, warf einen letzten Blick auf den Stall und das Gehege. Dann wanderte sie los.

Sie wusste nicht, wie weit sie inzwischen gekommen und wie spät es eigentlich war. Aber es war inzwischen stockduster geworden, als sie an einen Waldrand kam. Links und rechts neben ihr knackte es unheimlich in den Büschen, ein leichter Wind fuhr raschelnd durch die schwarzen Baumwipfel und so ganz geheuer war es Hennriette-Frieda mit einem Mal nicht mehr. Wenn jetzt eine gemein gefährliche Maus käme! Oder ein fieser Igel! Oder gar - ein FUCHS… So stand Hennriette-Frieda da, mit klopfendem Herzen, mitten in der Nacht. Und müde war sie auch.

Schließlich beschloss sie, auf den nächstbesten Baum zu flattern und dort zu übernachten. Etwas unsicher blickte sie sich um, plusterte sich schließlich auf und schon bald fielen ihr die Augen zu.

So richtig gut hatte sie, zugegeben, nicht geschlafen. Aber als die ersten Sonnenstrahlen freundlich ihren Schnabel kitzelten, sie ein paar Frühstückskörner aus ihrem Rucksack gepickt und sich an einer kleinen Pfütze erfrischt hatte, machte sie sich frohgemut auf den Weg.

Nach einiger Zeit erreichte sie einen Berg, an dessen Seite ein wunderschöner Wasserfall über Felsen und Steine funkelnd in die Tiefe rauschte.

Hennriette-Frieda war ganz verzückt von diesem Anblick. So etwas hatte sie noch nie gesehen! Neugierig näherte sie sich dem Wasserfall und schaute nach oben.

Luise Schiller

Wie ein glitzerndes Band ergoss sich das Wasser dort über einen kleinen Felsvorsprung. „Von dort oben“, dachte Hennriette-Frieda, „hat man bestimmt eine super Aussicht…“ Ihr juckte es gehörig in den Flügelspitzen. Ob man wohl da über die Felsen… Stück für Stück… sie blickte nochmal nach oben. Und schließlich tat sie einen kleinen, übermütigen Hüpfer auf den ersten Felsen am Rande des Wasserfalls. „Na bitte, geht doch!", dachte sie. Und tat den nächsten, flatternden Hüpfer auf den Felsen darüber. Hennriette-Frieda buckte fröhlich in sich hinein. Aus den Augenwinkeln sah sie ein Schild: Achtu...! Gef...! Aber sie beachtete es nicht weiter. Immer weiter, Felsen für Felsen, und immer höher kletterte sie.

Mit der Zeit kam sie dann aber doch ganz schön aus der Puste. „Ist doch anstrengender als es von unten aussah", dachte sie bei sich. Aber sie biss den Schnabel zusammen und hüpfte und flatterte weiter. Nach einigen, weiteren Metern begannen ihr, die Beine und Flügel wehzutun. Und die Steine, so musste sie zu ihrem Erschrecken feststellen, wurden - je weiter sie kam - immer glipschiger und boten ihren Hühnerkrallen kaum noch Halt.

Völlig außer Atem hing sie schließlich auf einer kleinen, schmalen Felskante. Seufzend blickte sie nach oben... „Oh mein Gott", dachte Hennriette-Frieda, „das ist ja noch ewig weit bis nach oben!". Vorsichtig drehte sie sich ein wenig - und schaute nach unten. Das hätte sie besser nicht getan. Panisch gohckte sie auf. Steil, fast senkrecht, donnerte das Wasser neben ihr über das Gestein. Und wie es so oft ist: rauf kommt man irgendwie noch... aber runter?!? Keine Chance. Hennriette-Frieda begann so doll zu zittern, dass ihr Schnabel laut klapperte. Aus den Augenwinkeln sah sie ein weiteres Schild: Achtung! Todesgefahr!

„Na schönen Dank auch!", seufzte sie. „Wenn man bis hierher gekommen ist, braucht man auch kein

Schild mehr, um das festzustellen. Hätte man vielleicht ja mal früher sagen kö..."

Mitten in ihren Gedanken hinein fiel ihr mit einem Mal jenes Schild am Fuß des Wasserfalls ein, dem sie so leichtsinnig keine Beachtung geschenkt hatte. Achtung! Gefahr! Hatte dort gestanden.

Hennriette-Frieda hätte sich in den Bürzel beißen können, wenn sie nicht gerade so beschäftigt gewesen wäre, nicht abzustürzen.

„Siehste, haste jetzt davon!", ärgerte sie sich. Aber das half ihr ja nun auch nicht mehr. Sie schloss die Augen und atmete einmal tief durch.

„Komm schon, Hennriette-Frieda!", sagte eine Stimme in ihr, „Du bist ein Pfadfinderhuhn! Und Pfadfinder verlieren in Schwierigkeiten nie den Mut!"

Ächzend und japsend kämpfte sich Hennriette-Frieda weiter den Wasserfall hinauf. Das Wasser neben ihr tobte, so dass ihre Flügel schon ganz nass waren. Mühsam hielt sie sich mit Krallen, Schnabel und Flügeln fest, so gut es ging.

Als sie schon fast meinte, dass ihre Kräfte endgültig zu Ende wären, und sie sich mit einem letzten Flügelschlag auf den nächsten Vorsprung gerettet hatte, strahlte ihr mit einem Mal gleißend hell die Sonne entgegen. Der Himmel tat sich hellblau und weit über ihr auf.

Sie hatte es geschafft! Sie hatte es tatsächlich geschafft! Sie war oben angekommen.

Keuchend ließ sie sich auf den Rücken ins Gras fallen.

Als sie einigermaßen zu Atem gekommen war, stand sie auf, schüttelte sich kurz und blickte sich um.

Bei aller Anstrengung - aber die Aussicht war wirklich phantastisch. Weit hinweg sah sie über Felder, den Wald, in dem sie übernachtet hatte, über Wege und Wiesen. Und ganz in der Ferne meinte sie sogar den Kirchturm des Dorfes zu erkennen, wo Bauer Heinz seinen Hof hatte. Ihr Zuhause.

Tief sog sie die frische Luft ein und lächelte zufrieden. Wenn das doch nur die anderen Hühner sehen könnten!

Doch nur einen Augenblick später geschah etwas sehr Merkwürdiges... so wunderbar der Ausblick wirklich war - von einem Moment auf den anderen wurde sie traurig. Denn bei aller Schönheit der Natur und mochte auch die Sonne so freundlich scheinen, wie sie wollte - hier war niemand, mit dem sie das alles hätte teilen können. „Was nützt denn die schönste Fahrt, wenn man dabei alleine ist?“, dachte sie kläglich. Sie fühlte sich plötzlich sehr einsam.

Und mit einem Mal stiegen ihr die Tränen in die Augen.

Schluchzend hockte sie sich auf einen Felsen. „Pfadfinder sein ist doof alleine!“, wimmerte sie in sich hinein. Als es plötzlich hinter ihr im Gras raschelte. Erschrocken und mit verheulten Hühneraugen schaute sie sich um... und entdeckte - einen Fuchs.

„Oh nein!“, hauchte Hennriette-Frieda. Vorsichtig wich sie nach hinten zurück, bis sie mit den Krallen den Rand des Felsvorsprungs spürte…

Sie blickte hinunter… Springen? Oder Fuchs? Beides schien nicht besonders aussichtsreich, um zu überleben. Der Fuchs hatte sich nicht von der Stelle gerührt. Neugierig sah er das Huhn an.

Friedrich Ganzer, Josephine Oberhammer und Frieda Herzog

Leopold Stüve

Plötzlich hob er seine rechte Pfote... „Gut Pfad!", sagte er freundlich. „Ich heiße Karl."

Hennriette-Frieda traute ihren Ohren nicht. Und noch viel weniger ihren Augen, als sie beim zweiten Hinsehen ein Halstuch auf Karls Schultern entdeckte.

Frieda Herzog

„Wie bitte?", fragte Hennriette-Frieda verblüfft zurück. So verblüfft, dass ihr glatt der Schnabel offen stehen blieb.

„Gut Pfad!", wiederholte Karl freundlich und deutlich. „Du bist doch ein Pfadfinder, oder?", fragte er Hennriette-Frieda und deutete auf ihr Halstuch. „Dann solltest du diesen Gruß doch kennen."

„Ähhh, ja, natürlich. Gut Pfad", murmelte Hennriette-Frieda immer noch perplex.

„Na also", sagte Karl zufrieden. „Im Übrigen solltest du etwas von der Kante weggehen, das ist gerade nicht ganz ungefährlich..."

„Ja, ich weiß", sagte Hennriette-Frieda und tat vorsichtig einen Schritt auf Karl zu. „Ich bin da gerade hochgekommen", fügte sie hinzu.

„WAAAAS?!?", schrie Karl erschrocken, so laut, dass Hennriette-Frieda fast wieder hinten über gekippt wäre. „Bist du denn des Wahnsinns?!? Das ist lebensgefährlich! Hast du denn die Schilder nicht gesehen?"

„Ja, doch...", murmelte Hennriette-Frieda und scharrte verlegen mit den Krallen im Sand „aber leider zu spät..."

„Du meine Güte!", rief Karl „Du hast echtes Glück, dass du da heil rausgekommen bist. Mach das bloß nicht nochmal!"

„Nee! Bestimmt nicht!", antwortete Hennriette-Frieda und schüttelte sich ordentlich.

Eine Stille entstand. Und Hennriette-Frieda blickte Karl sehr lange und sehr nachdenklich an.

„Du fragst dich bestimmt, warum ich dich noch nicht gefressen habe...", vermutete Karl laut und seufzte.

Hennriette-Frieda fühlte sich ertappt.

„Öööhhh... najaaaa... also, ich... ähm, ich meine... also... Du bist ja ein Fuchs. Und ich bin ein Huhn.

Und für gewöhnlich… also, versteh mich nicht falsch, aber… ähm…“, stotterte sie.

„Ich weiß, ich weiß“, fiel ihr Karl ins Wort „Für gewöhnlich fressen Füchse Hühner. Aber ich bin halt kein gewöhnlicher Fuchs. Ich bin ein Pfadfinderfuchs.“

Hennriette-Frieda strahlte über das ganze Hühnergesicht. Das kam ihr doch sehr bekannt vor!

„Naja“, fuhr Karl ungerührt fort, „und den Pfadfinderregeln gemäß halten Pfadfinder untereinander Freundschaft und fressen sich nun mal nicht einfach auf.“

Hennriette-Frieda nickte erleichtert. Schließlich ging sie auf ihn zu und hielt ihm die Kralle hin. „Ich bin übrigens Hennriette-Frieda“. Nach einer Weile setzten sie sich nebeneinander ins Gras und begannen zu erzählen. Freundlich hielt Hennriette-Frieda Karl ein paar Körner hin, die sie aus dem Rucksack kramte.

„Magst Du auch welche?“, fragte sie und blickte ihn erwartungsvoll an.

Frieda Herzog

„Öhhh, naja“, erwiderte Karl verlegen, „hab ich noch nie probiert. Aber ich kann ja mal kosten…“

„Und? Wie findest du sie? Sind ein bisschen nass geworden, aber ansonsten…“

Karl kaute mühsam auf den Körnern herum und versuchte, keine Miene zu verziehen. Mit etwas Überwindung schluckte er schließlich den Körnerbatzen runter.

„Hmm, nicht übel“, meinte er und versuchte ein Würgen zu unterdrücken.

Schweigend saßen sie wieder nebeneinander. Die Sonne stand mittlerweile schon tief über dem Horizont.

„Duhuu, Karl…“, druckste Hennriette-Frieda irgendwann.

„Hmmm?“, brummte er fragen zurück.

„Du sag mal Karl… also, ähm… also Pfadfinder sind doch auch sehr hilfsbereit, oder?“, fragte das Huhn.

„Natürlich!“, antwortete der Fuchs.

„Also, ähm… naja, also…ähh…vielleicht… also wenn's dir nichts ausmacht… Könntest du mir vielleicht helfen, nach Hause zu kommen?“ Unsicher schaute Hennriette-Frieda Karl schrägt von unten an.

„Weil… naja, den Wasserfall zurück klettern…“, begann sie.

„Kommt nicht in Frage!“, antwortete Karl entschieden.

„Aber einen anderen Weg kenne ich nicht…“, murmelte Hennriette-Frieda und merkte, wie sie schon wieder ganz traurig wurde. So blöd manchmal die anderen Hühner waren - aber jetzt gerade vermisste sie sie ganz schrecklich.

Mitfühlend schaute Karl sie an.

„Mach dir keine Sorgen", sagte er. „Natürlich helfe ich dir! Ich kenne hier jeden Weg, jeden Pfad. Wohin musst du denn?"

Wortlos, weil sie gerade schon wieder gegen die Tränen und das Bonbongefühl im Hals ankämpfen musste, deutete Hennriette-Frieda mit ihrer Flügelspitze zu dem Kirchturm in der Ferne.

Leopold Stüve

„Donnerwetter! Da bist Du ja ein gutes Stück gewandert!", meinte Karl anerkennend. „Aber dann sollten wir jetzt auch keine Zeit verlieren. Komm, setz dich auf meinen Rücken, dann kommen wir schneller voran."

„Im Ernst?", erwiderte Hennriette-Frieda erstaunt.

„Na, wenn ich's doch sage..." Karl lächelte breit.

Bei vielem Ungewöhnlichen in dieser Geschichte war DAS wohl mit das Ungewöhnlichste, was man je gesehen, von dem man je gehört hat: ein Huhn, das auf dem Rücken eines Fuchses reitet.

Es war bereits dämmerig geworden, als Karl und Hennriette-Frieda auf dem Hof von Bauer Heinz ankamen. Nur wenige Hühner waren noch im Gehege, die meisten saßen schon auf ihren Stangen.

„Puh, ein Glück, der Stall ist noch offen", flüsterte Hennriette-Frieda, als sie mit Karl zum Zaun des Geheges kam. Doch plötzlich brach ein unglaublicher Lärm aus.

„Ein Fuchs! Ein Fuchs! Hilfe, Hilfe! Ein Fuchs!", gohckte die dicke Gertrud aus vollem Halse.

„WAAAS? Ein Fuchs?", stimmten die anderen schreiend mit ein. „Oh Hilfe! Ein Fuchs! Hilfe, Hilfe!"

„Schschschscht!", machte Hennriette-Frieda energisch. „Seid leise, sonst kommt der Bauer noch! Das hier ist Karl, der tut euch nichts!"

„Es ist ein Fuchs. Ein Fuuuuhhuuuchs!", gackerten die anderen panisch.

„Ja, aber seht doch mal", versuchte Hennriette-Frieda gegen den Lärm anzukommen. „Ich stehe hier direkt neben ihm, ich bin sogar auf seinem Rücken geritten - und ich lebe noch! Das ist kein gewöhnlicher Fuchs. Das ist ein Pfadfinderfuchs!", schrie Hennriette-Frieda.

Mit einem Mal war Stille. Die Hühner schienen angestrengt nachzudenken.

„Pfadfinderfüchse fressen keine Hühner?", fragte die kleine Finja mitten in die Stille hinein.

„Pfadfinder halten untereinander Freundschaft und fressen sich nicht", erklärte Hennriette-Frieda.

Mit großen Augen sah Finja den Fuchs an.

„Ich bin aber gar kein Pfadfin...", begann sie, als ihr die dicke Gertrud schnell den Schabel zuhielt.

„Pfadfinder fanden wir schon immer toll. Wir wollen auch Pfadfinder werden!", beeilte sie sich zu erklären und ließ Karl dabei nicht aus den Augen.

Der japste kichernd in sich hinein.

„Keine Bange, ich hätte Euch so oder so nicht gefressen."

„Ach nicht?", fragte die alte Agathe. „Wieso nicht?"

„Weil Pfadfinder nun mal ihre Mitwesen respektieren und achten. Auch Hühner", erklärte Karl.

„Ach sooo... na dann...", meinte Gertrud und winkte mit dem Flügel ab.

„Ich will aber trotzdem Pfadfinder werden!", erklärte die kleine Finja. „Dann kann man Fahrten machen und komische Freunde finden." Breit grinste sie Karl an.

„Na, ich fänd' das schon auch interessant", meldete sich die schüchterne Luise zu Wort.

„Außerdem ist das Halstuch cool", fügte die kesse Jette an.

Erstaunt und ungläubig schaute Hennriette-Frieda ihre Mithühner an. „Na schau mal einer guck... wer hätte das gedacht?", murmelte sie.

„Naja", erklärte sie dann etwas lauter an die Hühner gewandt, „ich bin mir ziemlich sicher, dass sich das einrichten lässt..."

Sie winkte Karl noch einmal zum Abschied.

„Gut Pfad!", rief sie ihm hinterher und hob die rechte Kralle, als er von dannen trottete, bevor sie selbst - mit einem mächtigen Anlauf und kräftigem Flügelschlagen - unter den verwunderten Blicken ihrer Mithühner wieder über den Zaun ins Gehege flog und in den Stall wanderte.

Aber was dann in jener Nacht und in den folgenden Tagen passieren sollte, das erzähle ich euch morgen.

Frieda Herzog

Kapitel 2:

Von Pinguhühnern und Drachen

Mila Dieckmann

Josephine Oberhammer

Es war wohl bis zu diesem Teil der Geschichte die ungewöhnlichste Nacht, die der Hühnerstall von Bauer Heinz je gesehen hatte.

Im Schein der Stalllaterne lauschte das Federvieh mit großen Hühneraugen den Abenteuern von Hennriette-Frieda. Niemand wollte zu Bett, selbst die kleine Finja nicht. Bauer Heinz wunderte sich schon sehr, dass seine Hühner am nächsten Morgen eher schläfrig aus dem Stall schlichen, dachte sich aber nichts weiter dabei.

In den folgenden Tagen und Wochen brachte Hennriette-Frieda ihren Mithühnern alles bei, was sie über Pfadfinderei wusste: wie man Regenwürmer verknotet, wie man Himmelsrichtungen feststellt, wie man gut und sicher Feuer macht, Stöcke schnitzt, Marshmallows grillt, wie man Spuren liest und wie sich Pfadfinder im Allgemeinen so verhalten.

Bauer Heinz stutzte zwar, als eines Tages ein Laken von seiner Wäscheleine verschwunden war und sich später als Halstücher an seinen Hühnern wiederfand, aber er dachte sich auch da nichts dabei.

Wem das nun Ungewöhnlich vorkommen mag, dem sei an dieser Stelle schon verraten - es sollte nicht die einzige Merkwürdigkeit bleiben…

„Wenn wir jetzt richtige Pfadfinderhühner sind - gehen wir dann auch mal auf Fahrt?“, fragte eines Abends die dicke Gertrud.

„Au ja, au ja, auf Fahrt gehen, auf Fahrt gehen!“, gackerte die quirlige Josi.

„Naja“, sagte Hennriette-Frieda, „es wäre wohl tatsächlich mal an der Zeit… Wohin wollt Ihr denn?“

„An den Nordpol!“, krähte der kleine Friedrich, ein kleines Hahnküken, das vor einiger Zeit geschlüpft war.

Josephine Oberhammer und Frieda Herzog

„An den Nordpol?!“, fragte Hennriette-Frieda ungläubig. „Wieso denn an den Nordpol?“

„Da gibt's Pinguhühner!“, erwiderte Friedrich strahlend. „Und ganz viel Eis!“

Friedrich liebte Eis, besonders Erdbeer und Vanille.

„Ich war noch nie am Nordpol. Könnte spannend werden“, pflichtete ihm die kluge Emilia bei.

„Au ja, Nordpol! Nordpol! Nordpol!“, gohckten nun alle Hühner unisono.

„Das ist aber ziemlich weit…“, gab Hennriette-Frieda zu bedenken.

„Ooooch, das schaffen wir!“, buckte die dicke Gertrud fröhlich.

Hennriette-Frieda zuckte mit den Flügeln. „Na gut, wenn ihr meint..."

In den folgenden Tagen begannen die Hühner eifrig mit ihren Vorbereitungen. Ganz wichtig waren natürlich genügend Marshmallows - wie sich das für Pfadfinder gehört - als Reiseproviant.

Eines Abends dann, am Tag der Abreise, legten die Hühner einen kleinen Stein in den Türrahmen des Stalleingangs. Wie gewöhnlich kam Bauer Heinz, als es dämmrig wurde, um den Stall zu zumachen. Aber irgendwas klemmte. „Nanu? Hat sich die blöde Tür verzogen?" Vergeblich versuchte er die Tür zu schließen. Nach einer Weile gab er es auf. „Na, ich werde morgen mal bei Licht schauen. Für die eine Nacht wird's wohl so gehen. Hoffentlich kommt kein Fuchs..."

Angespannt lauschten die Hühner, wie sich die Schritte des Bauern entfernten. Irgendwann war es still...

„Na, dann los!", wisperte Hennriette-Frieda und schmiss sich ihren kleinen Rucksack über die Schulter. Ein gedämpftes, aufgeregtes Gohcken ging durch den Stall und das leise Rascheln des heimlichen Aufbruchs.

„Moment!", flüsterte Emilia plötzlich. „Sollten wir dem Bauern nicht wenigstens einen Zettel schreiben... ich meine, wenn wir plötzlich alle weg sind... nicht, dass er sich Sorgen macht..."

Der kleine Friedrich nickte. „Stimmt. Das wäre nicht

fair. Und man soll doch als Pfadfinder anständig mit den anderen Wesen umgehen..."

So schrieb Emilia einen Zettel.

„Wir sind auf Großfahrt. An den Nordpol. Mach Dir keine Sorgen. Wir sind in drei Tagen zurück", stand darauf.

Vor dem Stall entdeckten sie plötzlich eine vertraute Gestalt.

„Ihr wollt doch nicht wirklich auf Großfahrt gehen, ohne mich mitzunehmen!", grinste Karl, der Fuchs. „Schließlich will ich ja auch mal meine Verwandten, die Polarfüchse, treffen."

„Karl!", buckte Finja fröhlich und umarmte ihn.

Und ja, gewiss: es muss wohl schon ein sehr seltsames Bild gewesen sein, wie eine Pfadfinderhühnerschar, begleitet von einem Pfadfinderfuchs, des Nächtens durch die Felder schlich. Aber es sollte nicht die einzige Merkwürdigkeit bleiben.

Sie waren wohl so zwei Stunden bereits unterwegs, das letzte Licht des Tages war einem klaren Sternenhimmel gewichen.

„Guckt mal da oben" erklärte Karl „seht ihr da das Sternbild vom großen Wagen? Wenn ihr jetzt das hintere Ende fünfmal nach oben verlängert... da ist ein kleiner Stern. Das ist der Polarstern, da ist Norden. Wir müssen uns einfach immer nur in diese Richtung halten..."

„Isses noch weit?", fragte der kleine Friedrich eine halbe Stunde später.

„Ja, ich find auch, wir könnten mal eine Pause machen…“, stimmte die dicke Gertrud schnaufend zu.

„Da hinten ist ein kleiner Hügel… seht ihr da den Baum darauf? Unter dem können wir gut Rast machen…“, schlug Hennriette-Frieda vor.

Nach einer Weile erreichten sie den Hügel. Keuchend schritten sie bergan, dem Baum entgegen. Doch als sie ihn fast erreicht hatten, begann es auf einmal in der Erde zu rumoren.

Aufgeregt flatterten die Hühner durcheinander.

„Hilfe! Was ist das denn? Ein Erdbeben? Hier?“, gackerten sie. Und auch Karl riss ängstlich die Augen auf. Und das, wo Füchse eigentlich selten vor etwas Angst haben.

Das Beben wurde stärker; Steine rollten den kleinen Hügel herab und verfehlten nur haarscharf so manche Hühnerkralle; die Erde kam ins Rutschen und nur mit einem beherzten Flattern konnten sich Luise und Josi gerade noch so vor einer kleinen Lawine retten.

Dann wurde es einen Augenblick still. Und ein großes Auge blinzelte verschlafen unter einer Wurzel des Baumes hervor.

„Hmmm?“, brummte der Berg, „Was ist das denn? Könntest du mal bitte von meiner Nase runtergehen? Das kitzelt,“ sagte er dann und schielte dabei zu Karl, der völlig verdattert auf einem kleinen Felsvorsprung balancierte, drauf und dran in die kleine Höhle zu verschwinden, die neben ihm lag… nur, dass es eigentlich keine Höhle war, sondern ein riesiges Nasenloch…

Mit einem gewaltigen Rumpeln erhob sich der Berg, laut gackernd flatterten die Hühner auf, während Karl einen erschrockenen Satz zu Seite machte.

Mühsam, hustend und Erde spuckend rappelten sich die Hühner und Karl auf, schüttelten sich - und standen schließlich mit weit aufgerissenen Augen und Schnäbeln vor dem Berg mit den zwei Augen und den riesigen Nasenlöchern.

„Was… wer bist DU denn?“, hauchte Emilia.

Der Berg blickte irritiert auf die Hühnerschar vor sich. So etwas hatte er noch nicht gesehen.

„Ich bin Marvin“, antwortete der Berg schließlich. „Ich bin ein Drache. Und wer seid ihr?“

Unsicher lächelnd hob Hennriette-Frieda die Kralle. „Gut Pf…Pf… Pfad“, stotterte sie. „W…w…wwir sind Pff…Pff… Pfadfinderhühner. Uuuu…und… das ist Karl… ein Pfadfinderff..ffff.. uchs.“

„Du bist nicht zufällig auch Pfadfinder?“, fragte Finja leise, an den Drachen gewandt.

„Nein, wieso?“, fragte Marvin zurück.

„Weil Pfadfinder einander nicht auffressen…“, murmelte die dicke Gertrud und starrte auf den Drachen.

Wieder begann der Berg, der ein Drache war, zu beben und einen Augenblick später erscholl ein dumpfes, freundliches Lachen aus seinem Maul.

„Drachen fressen keine Hühner. Auch keine Füchse."

Mila Dieckmann, Luise Schiller und Leopold Stüve

„Nicht?", fragte Emilia erstaunt, „Was fressen Drachen dann?"

„Also ich für meine Person bevorzuge Gänseblümchen", erklärte der Drache und rupfte genüsslich an eben einem solchen, das er zufällig zwischen den Erdbrocken gerade gefunden hatte.

„Aber... aber... wo kommst du eigentlich plötzlich her?", fragte die kleine Luise.

„Ich?", fragte Marvin, „Ich war schon immer hier. Ich habe geschlafen.... Aber irgendwas..." Nach einer Weile fuhr er leise fort, wie zu sich selbst gewandt: „... hat mich aufgeweckt... merkwürdig... oder sollte gar...?" Mit einem nachdenklichen Blick sah er die Hühner an. Dann wanderte sein Blick zu Karl. Und wieder zurück zu den Hühnern.

„Ist das denn möglich?“, murmelte er verwundert...

„Was? Was ist möglich?“, fragte der kleine Friedrich.

Marvin setzte sich gerade hin und begann zu sprechen, mit einer Stimme, die klang, als käme sie aus endlos ferner Zeit:

„Vor langer, langer Zeit, als die Welt in Unfrieden versank und sich der Blick der Wesen verdunkelte, so dass niemand mehr das Gute im Anderen zu sehen vermochte und alles Fremde und Unbekannte zum Bösen erklärt wurde... da begannen die Wesen der Erde die Drachen zu jagen... als Ausgeburt des Bösen, wie man sagte...“, Marvin schluckte schwer, als müsse er einen großen Kummer unterdrücken. „Viele von uns kamen um. Und wir, die wir übrigblieben, beschlossen, uns schlafen zu legen. Aber dereinst, so lautet eine alte Prophezeiung, dereinst, an jenem Tage, wo Fuchs und Hühner, Löwe und Lämmer wieder einträchtig nebeneinander laufen - an jenem Tage sollten wir wieder erwachen. Und helfen, das Gute auf der Erde zu verbreiten.“

Mit offenen Schnäbeln sahen sich die Hühner an. Schweigend blickten sie zu Karl und er zu ihnen.

„Und deswegen bist Du aufgewacht...?“, hauchte Finja. Es klang mehr wie eine Feststellung und weniger wie eine Frage.

Marvin nickte. Und eine kleine Träne kullerte funkelnd an seiner Nase entlang - was verdammt selten ist, denn Drachen weinen fast nie.

Schließlich räusperte er sich und wischte sich verstohlen die Träne weg.

„Ähm, nun ja... so ist es wohl. Aber nun sagt mir doch mal - wie kommt ihr eigentlich hierher? Und warum?"

„Wir wollen zum Nordpol! Wir sind auf Großfahrt und wollen zu den Pinguhühnern. Und Eis essen", meldete sich Friedrich fröhlich, der offenbar mittlerweile sämtliche Scheu verloren hatte.

Marvin zog eine Augenbraue hoch. „Zum Nordpol?", fragte er überrascht. „Das ist aber ziemlich weit..."

„Ähhh... jep", erklärte Hennriette-Frieda, „das haben wir inzwischen auch festgestellt."

Marvin schien zu überlegen.

„Ich glaube, ich kann euch helfen." sagte er schließlich. „Ich könnte euch dorthin bringen. Das geht, vermute ich, etwas schneller, als wenn ihr wandert..." Skeptisch blickte er auf die kleinen Hühnerfüße.

„Das würdest Du tun?", fragte Karl.

„Warum nicht?", fragte Marvin, inzwischen wieder ganz fröhlich, zurück.

„Kommt, steigt auf meinen Rücken!"

Mit diesen Worten legte er sich so platt hin wie möglich und sah die Hühner erwartungsvoll an. Etwas zögerlich flatterte schließlich eins nach dem anderen auf den mächtigen Drachenrücken. Nur Karl blickte etwas scheu.

„Was is?" fragte Marvin aufmunternd.

„Ich hab's nicht so mit der Höhe...", murmelte Karl verlegen und betrachtete angestrengt seine Pfoten.

„Ach was!", gackerte die dicke Gertrud entschieden. „Füchse haben vor kaum etwas Angst. Stell dich nicht so an. Wir nehmen dich in die Mitte und halten dich fest."

Mit einem schicksalsergebenen Seufzer sprang Karl auf den Drachenrücken.

„Festhalten!" rief Marvin, als er sich mit einem mächtigen Schlag seiner Flügel in die Luft erhob.

Die Hühner quietschten vor Vergnügen.

„Ich glaub mir wird schlecht...", flüsterte Karl, der schon ganz grün um die Schnauze wurde.

Immer höher und höher stieg Marvin. Der Wind zerrte an den Federn der Hühner, die sich fest an den Schuppen von Marvin krallten und mit ihren Flügeln Karl in der Mitte festhielten.

„Keine Angst!", rief Josi vergnüglich. „Wir passen auf dich auf. Pfadfinder sind doch schließlich gute Kameraden, oder?" Karl nickte ängstlich. „Das hoffe ich doch...", murmelte er.

Nach einer Weile ließen sie Wolken, Kälte und Wind hinter sich. Und mit einem Mal wurde es hell, warm und ruhig. Ein goldenes, diffuses Licht beschien Drachen, Fuchs und Hühner. Eine angenehme Brise umwehte die Reisenden.

„Wir fliegen durchs Dazwischen. Das ist angenehmer und schneller", rief Marvin den Fluggästen auf seinem Rücken zu.

Selbst Karl schien alle Angst verloren. Verzückt sah er sich um.

„Da sag nochmal einer, bei den Pfadfindern würde man nichts erleben…", flüsterte er leise.

„Schade nur, dass wir jetzt hier keine Marshmallows grillen können", meinte Emilia.

„Och, das lässt sich einrichten!", antwortete Marvin, der das gehört hatte. „Reich mir mal einen rüber. Haltet den Stock direkt vor meine Nase."

Vorsichtig balancierte Josi nach vorne und tat, wie Marvin gesagt hatte.

Josephine Oberhammer

Mit einem kleinen, kurzen Schnauben stieß eine kleine Stichflamme aus Marvins Nasenlöchern - und hinterließ ein perfekt angebräuntes Marshmallow.

„Cool!“ rief Josi, als sie sich den Marshmallow betrachtete.

Fröhlich gackernd und schmatzend verbrachten sie den weiteren Flug.

Schon viel zu bald, wie alle fanden, meldete sich Marvin jedoch wieder.

„Meine Damen und Herren, wir befinden uns im Landeanflug auf den Nordpol. Wir bitten, das Grillen und Schmatzen einzustellen. Bleiben sie angekrallt sitzen, bis wir unsere endgültige Parkposition erreicht haben.“

Damit senkte sich Marvins Nase und durchstieß wie ein Pfeil die Wolkendecke.

Kalter Wind, Schneegestöber und Eis empfing sie. Schnell plusterten sich die Hühner auf und nahmen den bibbernden Karl wieder in die Mitte.

Mit einem eisigen Knirschen setzten Marvins Klauen schließlich auf dem Schnee auf.

„Bitte schön“, rief er, „der Nordpol!“

Hennriette-Frieda klapperte mit dem Schnabel.

„Brrrr...“ machte sie „KAAALT!“

Etwas unsicher kletterten die Hühner vom Drachenrücken - und versanken erstmal bis zum Kehllappen im Schnee.

„Karibik wäre mir lieber gewesen“, murmelte die dicke Gertrud.

„Ihr wolltet zum Nordpol...“, sagte Hennriette-Frieda, als sie in einiger Entfernung ein paar merkwürdige Wesen ausmachte, die sich langsam watschelnd näherten.

„Na dann“, verabschiedete sich Marvin, „viel Spaß noch auf Eurer Großfahrt. Mir ist es hier etwas zu kühl.“ Freundlich winkend erhob er sich wieder in die Luft, bis von dem großen Drachen nur noch ein Punkt am Horizont auszumachen war, der irgendwann im Dazwischen verschwand.

„Schade“, meinte Josi und sah ihm nach, „ich fand ihn ganz freundlich; er hätte gerne noch bleiben können. Ob wir ihn jemals wiedersehen?“

„Nanu, wer seid ihr denn?“, unterbrach eine leicht schnarrende Stimme Josis Gedanken.

Freundlich hob Hennriette-Frieda ihre Kralle. Nur Minuten nach der Landung hatte sie das Gefühl, ein einziger, schockgefrosteter Eisklumpen zu sein.

„G....ggg....ggut Pf...Pf...Pffad“ sagte sie. Diesmal stotterte sie nicht vor Furcht, sondern weil sie vor Kälte so bibberte. „Wwww... wir ssss...ss... sind... Pfff... Pffadfii...iiinder...hüü...hüüühner.“

„Uuuuu...uuu...uund iii...iiich... bbb....bbbb....bin Karl, eiii...eiiin Pf... Pfff...Pfadfinderfu...fffuuu... ffuuuchs“, fügte Karl schnatternd hinzu.

„Wwww...www...wwwiiir... wwww... wwwollten... Ppp...Ppp... Pppingu...hhh...hhhüüüh...ner bbb... bbb...bbbee...suchen.“ bibberte Hennriette-Frieda.

„Uuuu...uuuu...uund iii...iiich...Pppp...Ppppoo...

larfffüüü…chse", klapperte Karl.

Das Wesen vor ihnen schaute gelassen.

„Also Pinguhühner habt ihr schon mal gefunden, das sind wir", schnarrte es. „Die Polarfüchse wohnen etwas weiter weg. Aber vielleicht können wir sie ja einladen. Aber erstmal… ihr seht aus, als ob euch reichlich kalt ist… Kommt mit, wir bringen euch erstmal ins Warme."

Damit drehte sich das Pinguhuhn um und watschelte vorweg. Mühsam kämpften sich die Hühner hinterher durch den Schnee.

Vorsichtig pickte Friedrich hier und da. „Schmeckt gar nicht nach Erdbeer", stellte er enttäuscht fest.

Nach einiger Zeit erreichten sie schließlich eine merkwürdige Hütte - ganz aus Schnee und Eis gebaut.

„Nananaa… ssss…ssssuuu…ppper", wisperte Emilia, „eeiii…nnne…Hüühüühhüü…ttttt…te aus Eiii…eiiis. Wwww…wwwie…ssss…ssoll…dddd…das…ddd… ddenn …www…www…wwwarm ssss…sssein?

Doch zu ihrer großen Überraschung war es das. Sogar ein freundliches Feuer brannte in der Mitte der Hütte. „Wir nennen so etwas Iglu", erklärte das Pinguhuhn, das sie hergeführt hatte.

„Klasse!", quietschte Luise, „Dann können wir ja weiter Marshmallow grillen!" Doch bevor sie sich ihren Proviant aus dem Rucksack kramen konnten, hielt ihnen eins der Pinguhühner schon einen Teller mit glipschigen Heringen hin.

„Fisch?“, fragte es und schaute einladend. „Ich heiße übrigens Kristin.“

Der Reihe nach stellten sich die Hühner und Karl vor.

Dieser war ganz entzückt von dem Fisch. „Gar nift fo übel!“, stellt er zufrieden mit vollem Maul fest, während die Hühner eher vorsichtig probierten.

„Naja“, meinte Emilia schließlich diplomatisch, „etwas gewöhnungsbedürftig, aber nicht unbedingt schlecht.“

Im Gegenzug zeigten sie den Pinguhühnern, wie man Marshmallows grillt.

„Joooo... nicht ganz verkehrt...“, bemerkte Kristin ebenso diplomatisch. „Aber Fisch ist mir doch lieber...“

Als sie gegessen hatten, saßen sie noch lange bei einem warmen Tschai zusammen und erzählten. Aufmerksam lauschten die Pinguhühner. Etwas später stießen tatsächlich - zur großen Freude von Karl und einigem Erschrecken der Hühner - auch noch einige Polarfüchse dazu.

Doch nachdem Karl, nach einem sehr eindringlichen Gespräch mit seinen Verwandten, versichert hatte, dass die Hühner auch von den Polarfüchsen nichts zu befürchten hätten, entspanne sich die Stimmung.

„Pfadfinder... klingt spannend“, meinte schließlich ein Pinguhuhn namens Robin. „Könnte man eigentlich auch mal machen.“ Ein Polarfuchs neben ihm, der wegen seiner silbrigen Farbe von allen nur Nickel-As gerufen wurde, aber eigentlich Niklas hieß, nickte eifrig.

„Kann man eigentlich auch Fische knoten?", fragte ein kleines Pinguhuhn, das auf den schönen Namen Fiona hörte.

So saßen sie dort bis zum Morgengrauen. Doch mit der Zeit war Hennriette-Frieda immer stiller geworden.

„Was ist los?", fragte Karl leise und stupste sie aufmunternd in die Seite.

„Ach", meinte Hennriette-Frieda, „ich überlege nur... ich meine, es ist wirklich nett hier und die Pinguhühner sind entzückend. Aber irgendwann müssen wir ja auch wieder nach Hause... nur wie? An den Weg mag ich gar nicht denken!"

Karl nickte.

„Du hast recht", murmelte er nachdenklich. „Das wird tatsächlich ein Problem..."

„Wenn doch nur Marvin hier wäre!", seufzte Hennriette-Frieda.

Just in diesem Moment erklang von draußen ein gewaltiges Flügelrauschen.

„Guguck!", rief Marvin fröhlich und steckte seinen Kopf durch den kleinen Kamin des Iglus. Entgegen aller Erwartung schienen sich die Pinguhühner kein Stück zu erschrecken.

„Hallo", schnarrte Kristin, als sei es das Normalste der Welt, dass ein Drache am Nordpol durch den Kamin eines Iglus schaut.

„Das ist Marvin", beeilte sich Hennriette-Frieda zu erklären. „Ein wirklich lieber Drache. Er tut nichts."

„Lass mich raten", erwiderte Kristin, „der will nur spielen."

„Öhh… weiß ich nicht", antwortete Hennriette-Frieda verblüfft. „Ich meine eigentlich nur…"

„Ist schon gut", fiel ihr Kristin ins Wort. „Er ist kein Eisbär… alles gut."

Hennriette-Frieda zog ihre nicht vorhandenen Augenbrauen hoch. „Ohh!... Okay", meinte sie, etwas perplex.

„Aber sag mal", wandte sie sich an Marvin, „Wo kommst Du denn jetzt plötzlich her?"

Marvin zuckte verständnislos die Schultern.

„Na, Du hast doch an mich gedacht", antwortete er.

„Drachen kommen, wenn man an sie denkt?", fragte sie erstaunt.

„Wenn sie nicht gerade schlafen und jemand an sie denkt, den sie mögen - ja klar. Wusstest Du das nicht?" Marvin schaute sie verwundert an.

„Das ist aber nett", murmelte Hennriette-Frieda und wurde rot, angesichts dieses unerwarteten Freundschaftsgeständnisses, das Marvin da gerade so lapidar von sich gegeben hatte.

Als sich die Sonne, die eigentlich die ganze Nacht über kaum richtig verschwunden war, wieder kraftvoll in den Himmel erhob, verabschiedete sich die Pfadfinderschar von den Pinguhühnern und Polarfüchsen.

Noch lange winkten sie sich zu, während Marvin immer höher in die Lüfte stieg.

Die Sonne war längst schon hinterm Horizont verschwunden, als die Hühner erschöpft aber glücklich, zu ihrem Hof zurückkamen. Mit einem letzten Abschiedsgruß trollte sich Karl von dannen und leise, auf Krallenspitzen, schlichen die Hühner zurück in ihren Stall.

Aber etwas war seltsam: der Zettel, den sie Bauer Heinz hinterlassen hatten, lag unberührt noch da. Ebenso wie der Stein im Türrahmen. Selbst Futternapf und Wasser standen dort unverändert. Und das Stroh lag genau so, wie sie es verlassen hatten. Als seien sie gerade mal fünf Minuten weg gewesen.

„Seltsam", murmelte Emilia, „wir müssten doch mindestens drei Tage weggewesen sein... War der Bauer in der ganzen Zeit nicht da gewesen? Sieht ihm gar nicht ähnlich...Und wollte er sich nicht die Tür besehen?... Hmmm..."

Bei allen Merkwürdigkeiten, die die Hühner inzwischen erlebt hatten, ist es fast verwunderlich, dass sie sich darüber noch wunderten.

Was die Hühner in dem Moment noch nicht ahnten, wenngleich es eigentlich allgemein bekannt ist: Flüge durchs Dazwischen haben bisweilen merkwürdige Auswirkungen auf die Zeit (manches Mal auch auf den Raum, wie man später noch sehen wird). Und so war tatsächlich seit ihrem Weggang noch nicht mal eine Sekunde vergangen. Im Gegenteil: Sie waren sogar etwas früher zurückgekommen, als sie gegangen waren.

Doch noch ehe sie weiter darüber rätseln konnten, hörten sie schon die vertrauten Schritte des Bauern. Schnell schoben sie den Stein aus dem Türrahmen, versteckten den Zettel, setzten sich auf die Stangen und plusterten sich auf.

„Gute Nacht Hühner!", sagte der Bauer freundlich und schloss die Tür. Und die Hühner alsbald ihre Augen.

Allein Marvin, der - nachdem er die Hühner abgesetzt hatte - wieder durch die Lüfte streifte, dachte noch lange nach.

„Pfadfinder... eigentlich eine coole Idee... eigentlich müsste man mal..."

Nach einigem Nachdenken flog er schließlich entschlossen eine scharfe Linkskurve.

„Ich glaub, ich mach nochmal einen Abstecher..." murmelte er zu sich selbst. Und lächelte ein breites, glückliches Drachenlächeln.

Aber was Marvin in dem Moment überlegt hatte und wohin er flog - das erzähle ich Euch morgen.

Kapitel 3:

Marvins Suche

Friedrich Ganzer

Leopold Stüve

Während die Pfadfinderhühner im Stall von Bauer Heinz ihr Leben genossen und nicht müde wurden, sich gegenseitig immer und immer wieder die Abenteuer ihrer letzten Großfahrt zu erzählen, hatte Marvin sich schon zu einer ganz eigenen Expedition auf den Weg gemacht.

Denn - nach allem, was er mit Hennriette-Frieda und den Pfadfinderhühnern und Karl erlebt hatte, ging ihm eine Idee nicht mehr aus dem Kopf: er würde, so hatte er beschlossen, auch einen Pfadfinderstamm gründen... den ersten Drachen-Pfadfinderstamm auf der Welt!

Aber dazu, das war ja klar, musste er erst einmal die anderen Drachen finden.

Wenn sich mit den Pfadfinderhühnern und Karl tatsächlich die alte Prophezeiung erfüllt haben sollte und es nicht nur ein dummer Zufall war, dass er an jenem Tag erwacht war, dann müssten auch andere Drachen sich inzwischen gerührt haben. Und tatsächlich hatte er einen Hinweis gefunden...

Die Bäume im Wald hatten es geraunt und die Spatzen von den Dächern gepfiffen: weit entfernt, in einer Wüste, so hatte man erzählt, habe ein Berg angefangen zu rumoren. Es sei, so hieß es, eben jener Berg, auf dem - mitten in der Wüste - der letzte Paradiesbaum zu finden sein soll.

Nun sind Wüsten sehr groß. Und Drachen fliegen zwar schnell - aber um eine ganze Wüste nach einem einzelnen Baum abzusuchen würde es wohl Jahre brauchen...

Aber - wie hatte Marvin doch noch so schön von den Hühnern gelernt: ein Pfadfinder verliert in Schwierigkeiten nie den Mut. Er würde nicht aufgeben, bis er einen weiteren seiner Art gefunden hätte. Er musste ihn einfach finden!

Aber wo sollte er anfangen?

Nun könnte jemand, der die Geschichte bislang aufmerksam verfolgt hat, fragen: warum hat er nicht einfach an ihn gedacht? Wo doch Drachen immer kommen, wenn jemand, den sie mögen, an sie denkt?

Allein: ganz so einfach ist es dann nicht. Denn wie soll man denn jemanden mögen, den man noch gar nicht kennt? Und wie sollte derjenige auch auf die Idee kommen, an jemanden zu denken, von dem er gar nicht weiß, dass es ihn gibt?

So blieb Marvin nichts anderes übrig, als zu suchen. Wüste für Wüste flog er an, aber nirgendwo eine Spur von einem Berg mit einem Baum drauf.

Es vergingen Wochen, Monate, vielleicht sogar Jahre. Vielleicht auch nur einige Minuten. So genau lässt sich das beim Fliegen durchs Dazwischen ja nicht sagen. Aber Marvin kam es wie eine Ewigkeit vor. Und das will bei Drachen was heißen!

Schließlich landete er in einer großen Wüste, in der er noch nicht gesucht hatte.

Unweit eines Menschendorfes ließ er sich nieder. Eine Weile beobachtete er das Dorf. Noch schien ihn niemand bemerkt zu haben. Nun haben ja schon Füchse selten vor etwas Angst - Drachen noch viel weniger. Aber in diesem Moment, als Marvin so das Menschendorf betrachtete, war ihm schon etwas flau im Bauch. Seit Ewigkeiten hatten die Menschen keine Drachen mehr gesehen. Wie würden sie wohl auf ihn reagieren?

Und dennoch: er kannte sich hier nicht aus. Wie lange sollte er denn noch suchen? Es blieb nichts anderes übrig: Irgendwen musste er doch fragen! Nach dem Berg und dem Baum.

Er atmete einmal tief durch - und setzte sich schließlich in Bewegung. Zu Fuß und betont gemächlich. Er wollte den Wesen keine Angst einjagen.

Er versuchte sogar ein freundliches Lächeln. Doch es half alles nichts.

Kaum hatten ihn die Menschen erblickt, hob ein großes Geschrei an.

Marvin setzte sein freundlichstes Gesicht auf und hob langsam die Klaue.

„Gut Pf...", setzte er an. Aber weiter kam er nicht.

„Ein Drache! Ein Drache! Rette sich wer kann! Ein Drache!", schrie ein Mann aus voller Kehle. Wie in einem aufgeschreckten Ameisenhaufen rannten die Menschen durcheinander. In wilder Panik stoben sie, samt Ziegen, Eseln und Hunden, in alle Richtungen und rannten davon.

Marvin blieb stehen und seufzte.

„Gut Pfad", murmelte er, leise und enttäuscht. Es schien zwecklos, den Wesen erklären zu wollen, dass er doch nur etwas fragen wollte, dass er weder sie, noch ihre Tiere und schon gar nicht ihre Jungfrauen fressen wollte. Sicher, zu einem Gänseblümchen hätte er nicht nein gesagt. Aber die gab es hier nicht.

Noch einmal seufzte er und schlich schließlich weiter in Richtung der Häuser. Vorsichtig schnuppernd umrundete er die Hütten, schaute in jeden Winkel - aber es war still. Niemand, so schien es, war noch hier.

Bis er, aus einer Ecke hinter einem Haus, leises Gegacker hörte.

Behutsam schaute er hinter die Mauer.

Ein paar Hühner scharrten dort im Sand.

Und Marvin staunte nicht schlecht. Denn Hühner -

ja, sicher, Hühner kannte er inzwischen. Aber SOLCHE Hühner hatte er tatsächlich noch nie gesehen. Ein blaues Tuch, geschlungen zu einem Turban, wand sich um ihren Kopf und zog sich über Schnabel und Kehllappen, so dass nur die dunklen Augen zu sehen waren.

Langsam kam Marvin aus der Deckung und hob schon die Klauen, um sich die Ohren zuzuhalten, in Erwartung des gewaltigen Gegohckes, was sicherlich gleich losbrechen würde, kaum, dass ihn die Hühner bemerken würden.

Als mit einem Mal der Blick eines Huhns auf ihn fiel. Die dunklen Augen schienen ihn förmlich zu durchbohren. Langsam richtete sich das Huhn auf. Stolz, fast majestätisch stand es vor ihm. Und nicht der Anflug von Furcht huschte über sein Gesicht, soweit man es denn erkennen konnte.

„Wer bist du, Fremder?“, fragte es scharf und stemmte die Flügel in die Hüften. „Wage es nicht, uns anzugreifen! Wahrlich, die Rache an unseren Feinden wird furchtbar sein!“

Und wenn Marvin in diesem Moment nicht komplett überzeugt gewesen wäre, dass jede Silbe, die dieses Huhn sagte, gänzlich der Wahrheit entsprach, hätte er wohl laut losgeprustet.

Anstatt dessen hob er vorsichtig die Klaue.

„Gut Pfad!“, sagte er höflich, „Ich bin Marvin. Ich bin ein Drache. Und ich bin nicht euer Feind. Aber... wer seid ihr eigentlich? Hühner wie euch habe ich noch nie gesehen..."

Mittlerweile waren noch mehr Hühner dazu gekommen und bauten sich nun herausfordernd vor Marvin auf. Einen Moment schienen sie zu überlegen. In einer Sprache, die Marvin nicht verstand, gohckten sie sich gegenseitig etwas zu, ohne Marvin auch nur für einen Moment aus den Augen zu lassen, ohne auch nur einmal zu blinzeln.

„Wir gehören zum Volk der Touareg-Wüstenhühner", erklärte schließlich das Huhn, das ihn zuerst entdeckt hatte. „Mein Name ist Achmed. Was willst du, Marvin Drache?", fragte es.

„Ich wollte eigentlich nur etwas fragen...", sagt Marvin und klang fast kläglich.

„Ich suche meine Brüder. Und ich weiß nicht, wo sie sind. Aber ich habe gehört, dass einer womöglich hier irgendwo in dieser Wüste sein könnte. Unter einem Berg, auf dem, so heißt es der letzte Paradiesbaum wächst..."

Achmed zog eine seiner nicht vorhandenen Augenbrauen hoch; leiser Spott schien in seinem Blick zu liegen.

„Ein Baum? Auf einem Berg? Mitten in der Wüste? Bist du sicher?"

Marvin zuckte müde die Schultern. „Es ist der einzige Hinweis, den ich habe", seufzte er schließlich und blickte traurig zu Boden.

Leise begannen die Hühner wieder in ihrer Sprache zu tuscheln. Aufgeregt schienen sie etwas zu diskutieren. Immer wieder deutete eines der Hühner auf den Stall.

Bis Achmed befehlend einen Flügel hob und die anderen schweigen hieß. Mit schief gelegtem Kopf sah er Marvin an.

„Ohne Brüder zu sein“, sagt er schließlich sanft, „ist wirklich hart, mein Freund. Wir wissen nicht, ob wir dir helfen können. Aber wenn es jemand kann, dann ist es unser weisestes Oberhuhn, Seni Uanetsruef. Warte hier.“

Damit drehte er sich ruckartig um und ging zum Stall. Aus dem Innern hörte man leises Gegacker.

Schließlich kam Achmed zurück. Hinter ihm schritt ein altes Huhn mit einem weißen Turban. Doch trotz des Alters und des schon etwas gebeugten Ganges strahlte es irgendwie etwas majestätisches aus. Respektvoll wichen die anderen Hühner zurück, um dem Oberhuhn den Weg freizumachen.

„Sprich, Fremder, Marvin Drache. Achmed sagte, du hast eine Frage“, wandte es sich an Marvin, als es stolz und irgendwie erhaben, wie Marvin fand, vor ihm stand.

„Ehrwürdigstes Huhn“, begann Marvin und hoffte, eine angemessene Anrede gefunden zu haben. „Ich suche meine Brüder. Es heißt, dass einer von ihnen hier in der Wüste zu finden sei, unter einem Berg, auf dem der letzte Paradiesbaum wächst. Weiß Du etwas darüber? Gibt es hier einen solchen Berg?“

Er hielt den Atem an, so sehr hoffte er auf eine positive Antwort.

Das Huhn schwieg einige Zeit. Schließlich begann es mit gebieterischer Stimme zu reden:

Hannah Ganzer

„Der Sand wispert es durch die Zeit, der Wind erzählt es der Einsamkeit. Ein Stück des ewigen Gartens auf einem Berge liegt, der sich unter dem Sichelmond im Schlafe wiegt. Folge den Spuren derer, die schneller als der Wind auf den Ebenen zu Hause sind. Bis ans Ende dessen was endlos ist, bis Du ans Ziel gelanget bist. Doch hab Acht: nur die Huld jener, die dort wohnen wird am Ende Deine Suche belohnen."

Ohne ein weiteres Wort zu verlieren, drehte sich das Huhn um und wanderte wieder in den Stall.

„Ähhhm. Ja... Danke, oh ehrwürdiges Huhn...", murmelte Marvin etwas ratlos.

Als Seni Uanetsruef verschwunden war, schlug Achmed mit seinem Flügel Marvin fröhlich auf die Schulter.

„Na bitte, mein Freund! Ich wusste, dass sie dir helfen kann!"

„Ähh, ja. Danke", sagte Marvin verdattert.

„Und was heißt das jetzt?" fragte er nach einer Weile.

Achmed winkte ab.

„Easy, Mann, easy. Entspann dich! Du musst nur den Spuren der Wüstengazellenhühnern folgen… Da, gleich hinter den Dünen im Osten… öhh, so ungefähr 9,3 Kilometer weit, da haben sie ihren Rastplatz. Die fragst Du einfach nochmal, die erklären Dir dann den restlichen Weg zu deinem Berg mit Deinem Baum."

„Das ist alles?", fragte Marvin ungläubig.

„Ja Mann!", grinste Achmed und schlug ihm nochmal auf die Schulter.

„Aber bevor du gehst, musst du unbedingt noch mit uns essen!"

„Das ist echt freundlich von Euch", sagte Marvin. „Aber ich muss wirklich los!"

So lange war er nun schon auf der Suche gewesen! Und jetzt schien er dem Ziel zum Greifen nahe! Die Vorstellung, jetzt noch Körner kauend stundenlang in der Runde von Touareg-Wüstenhühnern zu verbringen, brachte ihn fast um den Verstand.

Streng blickte ihn Achmed an. „Die Gastfreundschaft von Touareg-Wüstenhühnern schlägt man nicht aus, mein Freund!“ Wieder schien er ihn mit den dunklen Augen zu durchbohren. Ein Blick, der keinen Widerspruch zuließ.

„Also gut“, seufzte Marvin.

Ganze sechs Stunden sollte das Essen dauern. Sechs Stunden, in denen sich Marvin tapfer durch Datteln, Feigen, Körner und Heuschrecken kostete - natürlich nicht, ohne nicht jedes Mal mit einem erwartungsvollen „Und? Gut?“ angestarrt zu werden. Mehrmals bedeutete er seinen Gastgebern, nun wirklich satt zu sein - was durchaus der Wahrheit entsprach. Und das will bei Drachen was heißen!

Dann - endlich! - nach dem siebten oder achten Glas gezuckertem Tschai erhob er sich vorsichtig, dankte mit etlichen respektvollen Verbeugungen den gastfreundlichen Hühnern, winkte ihnen lange, lange zu, während er das Dorf verließ und sich in einiger Entfernung endlich - ENDLICH - in die Lüfte schwang.

Als er die Dünen erreichte, die Achmed ihm beschrieben hatte, ließ er sich auf einer der höchsten nieder und schaute sich um. Und tatsächlich: dort hinten, im Sand… waren da nicht ein paar seltsame Tierspuren? Er ging näher heran. Und wirklich… solche Spuren hatte er noch nie gesehen: Abdrücke, wie von Rehhufen, an deren Seiten jedoch und nach vorne so etwas wie ein kleiner Strich abging - wie bei einer Hühnerspur. Das mussten sie sein: Wüstengazellenhühner!

Mit dem Blick auf dem Boden ging Marvin den Spuren nach. Es musste eine ganze Herdenschar gewesen sein - die Abdrücke ihrer Krallenhufe waren nicht zu übersehen. Marvin beschleunigte sein Tempo, irgendwann rannte er fast. Die Spuren schienen überhaupt kein Ende zu nehmen! Was hatte Achmed gesagt? 9,3 Kilometer? Wieviel war das überhaupt? Drachen, muss man wissen, haben ein sehr eigenes Verständnis von Entfernungen.

Doch mit einem Mal, am Fuße einer Düne, endeten die Spuren. Weg! Einfach weg! Von einem Schritt auf den anderen. Nichts.

„Nein!", keuchte Marvin. „Das darf... das kann doch nicht!" Wie wild rannte er im Kreis, mit der Nase immer am Boden, auf der verzweifelten Suche nach wenigstens einem kleinen Abdruck. Wie um ihn zu verhöhnen, wehte der Wind den Sand auch noch über die Spuren, die er bis hierhin verfolgt hatte.

„Nein, nein, nein, nein, nein!", rief Marvin, ließ sich resigniert auf sein Hinterteil fallen und holte zu einem klagenden Heulen aus.

„Was hat er denn?", hörte er eine feine Stimme. Sie kam von oben, vom Kamm der Düne.

„Ich weiß nicht", antwortete eine andere Stimme. „Er sieht irgendwie verzweifelt aus."

„Er sieht aus, als suchte er etwas", meldete sich die erste Stimme wieder.

„Vielleicht hat er seinen Hosenknopf verloren", erwiderte die andere.

„Wir könnten ihm suchen helfen", schlug die erste Stimme nun vor.

„Hmmm", sagte die zweite Stimme, „könnten wir."

Wortlos blieben die beiden Wesen, die eben geredet hatten, stehen und sahen fragend, ja fast etwas gelangweilt auf Marvin herab.

Marvin hob den Kopf. Gegen das gleißende Sonnenlicht sah er zwei Gestalten. Sie sahen sehr merkwürdig aus: einem Reh nicht unähnlich, aber mit zwei ellenlangen Hörnern auf dem Kopf, die wie zwei Zahnstocher in den Himmel zu ragen schienen. Noch viel merkwürdiger war aber der knallrote Kamm, der zwischen den Hörnern wuchs. Nicht zu vergessen: der Kehllappen, der den Wesen unten am Kinn hing.

„Da guck! Es guckt uns an", sagte wieder das erste der Wesen, ohne auch nur ansatzweise so etwas wie Unruhe zu zeigen.

„Seh ich", meinte das Andere ebenso gelassen.

„Was ist das eigentlich?", wollte das Erste wissen.

„Ich habe keine Ahnung", meinte das Zweite.

„Ob es gefährlich ist?", fragte das Erste.

„Es ist kein Löwe...", erwiderte das Zweite.

„Na dann...", antwortete das Erste.

„Außerdem", fügte das Zweite hinzu, „glaube ich nicht, dass Wesen, die mitten in der Wüste Hosenknöpfe suchen, gefährlich sind."

„Nein, stimmt. Unwahrscheinlich", pflichtete ihm das Erste bei.

Marvin blinzelte ungläubig. Gewiss mochte ihm schon vieles wirklich Merkwürdige widerfahren sein. Aber DAS übertraf ehrlich alles.

„Wenn ihr fertig mit eurer Diskussion seid… Gestatten - ich bin Marvin. Ich bin ein Drache. Und nein, ich tu euch nichts, ich will auch nicht nur spielen…“ Seine Stimme klang ein wenig genervt, wie es eben bei Wesen vorkommt, die immer wieder immer das gleiche zigmal erklären und wiederholen müssen. „Ich suche eigentlich nur meine Brüder. Ich bin nicht gefährlich…ich fresse weder Hühner noch Füchse noch Menschen noch sonst irgendwas, was nicht Gänseblümchen ist. Seid ihr Gänseblümchen?“

Marvin legte fragend den Kopf schief.

Die beiden Wesen schauten sich verwundert an und blickten dann wieder zu Marvin.

„Nein“, erklärte das Eine. „Wir sind Wüstengazellenhühner.“

Mit einem Satz war Marvin auf den Beinen.

„Wüstengazellenhü…?“, er verschluckte sich fast vor Aufregung.

„Nach Euch suche ich die ganze Zeit!“, rief er.

„Ah!“, rief das Eine, „ich verstehe.“

„Keinen Hosenknopf, es suchte uns“, fuhr es erklärend zu seinem Kompagnon gewandt fort.

„Na, jetzt hast du uns gefunden“, meinte das andere Wüstengazellenhuhn lapidar. „Aber sag - warum hast du uns denn gesucht?“

Langsam kam Marvin auf die Beiden zu. Seine Stimme klang flehend.

„Bitte! Ich suche einen Berg. Einen bestimmten Berg. Oder vielleicht auch nur einen Hügel. Jedenfalls wächst darauf, so heißt es, ein Baum. Ein besonderer Baum - der letzte Paradiesbaum. Wisst ihr, wo ich den finden kann? Bitte!"

Die beiden Wesen sahen sich an.

„Nein", antworteten beide knapp und wie aus einem Munde.

Marvin entfuhr ein so schwerer Seufzer, als käme er aus dem tiefsten Tal, das sich auf Erden finden ließe.

„Aber die anderen aus unserer Herde, auf alle Fälle unsere Leitkuh, DIE weiß das bestimmt", fügte das eine Wüstengazellenhuhn hinzu.

„Wäre es wohl möglich...", Marvins Stimme war kaum mehr als ein Flüstern, als würde zu lautes Reden die letzte Hoffnung vertreiben. „Wäre es wohl möglich, dass ihr mich zu eurer Herde bringt?"

Die beiden Wesen sahen sich wieder an.

„Ja", antworteten beide ebenso knapp wie zuvor und abermals unisono.

Keine fünf Minuten später stand Marvin vor der Herde. Tuschelnd traten sie näher zusammen und warfen ihm immer wieder skeptische Blicke zu. Hier und da meinte er seinen Namen zu hören.

„Und ihr seid sicher, dass er harmlos ist?", wisperte eines dieser merkwürdigen Wesen. „Fremden kann man nicht trauen!", flüsterte ein Anderes. „Aber wenn er wirklich harmlos ist, sollten wir ihm helfen. So ist das Gesetz der Wüste!", erwiderte ein Weiteres. „Ja, aber woher sollen wir wissen..."

So ging es eine ganze Weile hin und her.

Marvin musste sich arg zusammenreißen, um nicht ungeduldig von einer Klaue auf die andere zu treten.

Schließlich, nach schier endloser Zeit, trat die Wüstengazellenhühnerleitkuh vor.

„Nun gut", sprach sie zu Marvin gewandt. Ihre Stimme klang freundlich und sanft. „Diese beiden hier", damit wies sie auf die beiden Wesen, die Marvin hergeführt hatten, „diese Beiden versicherten uns, dass Du harmlos wärst. Allerdings... diese Beiden sind noch sehr jung und wissen noch nicht viel von der Welt. Dennoch: Wir wollen dem Glauben schenken und Dir vertrauen. Wenngleich das schwierig ist, denn Vertrauen kann wie eine Fata Morgana sein - ein Trugbild, das zerrinnt und verweht, wenn man sich ihm nähert. Es kann aber ebenso eine Oase sein, die erfrischendes Wasser und Nahrung bereithält.

Da wir aber wissen, wie wichtig Wasser und Nahrung sind, wäre es schändlich, an einer Oase vorbeizugehen, nur weil man fürchtet, es könnte eine Fata Morgana sein, nicht wahr? Also, Marvin Drache - sag, was führt Dich her?"

Und so begann Marvin seine Geschichte zu erzählen - von den Pfadfinderhühnern und dem Fuchs, von der alten Prophezeiung und wie er wach geworden war und sich schließlich auf die Suche gemacht hatte. Er erzählte, wo er alles vergeblich gesucht hatte, wie er nun in diese Wüste gekommen war, die Touareg-Wüstenhühner gefunden hatte, und wie diese ihn schließlich zu den Wüstengazellenhühnern verwiesen hatten. Und wie sehr er sich wünschte, doch endlich jenen Berg mit dem Baum und seinen Bruder zu finden.

Die Wüstengazellenhühnerleitkuh hörte die ganze Zeit schweigend zu und nickte schließlich.

„Ja“, sagte sie mit dieser sanften Stimme. „Ich kenne jenen Berg mit dem Baum. Er liegt ungefähr einen Tagesmarsch von hier in östlicher Richtung. Seit einiger Zeit, so erzählt man sich, bebt er jedoch hin und wieder. Und kein Wesen weiß, warum. Und darum traut sich auch kaum ein Wesen noch dorthin, obwohl dort das frischste und herrlichste Gras der ganzen Wüste wächst. Nun also weiß ich, warum der Berg bebt und dass wir uns dennoch nicht scheuen müssen, dort zu grasen. Und DU weißt nun, wo Du deinen Bruder findest. Siehst du, so haben wir beide etwas von der Oase. Wäre das ein Jammer gewesen, wenn wir dieses Vertrauen nicht gewagt hätten! Meinst Du nicht?“ Sie lächelte ihn freundlich an.

Marvin nickte.

„Wie kann ich euch nur danken?“, sagte er und griff mit seiner Klaue vorsichtig nach ihrem Krallenhuf.

„Nun“, sagte die Leitkuh ruhig, „wenn es an der Zeit ist... Das mit den Pfadfindern klingt interessant... vielleicht, sollten wir uns einmal wiedersehen, dann erzähle uns mehr davon. Es gibt gewiss noch keinen Wüstengazellenhühnerpfadfinderstamm. Und das ließe sich ja vielleicht einmal ändern..."

„Das wäre wundervoll", antwortete Marvin. „Aber verzeiht mir bitte... ich muss..."

„Ja, natürlich", nickte die Wüstengazellenhühnerleitkuh verständnisvoll. „Du musst los, zu deinem Bruder... geh nur!"

„Danke!", rief Marvin noch einmal und wandte sich eilig zum Gehen. Nach ein paar Metern blieb er trotzdem stehen und drehte sich nochmal um.

„Wie heißt du eigentlich?", rief er ihr fragend zu.

„Elina. Ich heißte Elina", rief sie zurück und winkte.

Marvin war wohl in seinem ganzen Leben noch nie so schnell geflogen wie an jenem Tag, in jenem Moment, auf dem Weg zu dem Berg mit dem letzten Paradiesbaum. Und das will bei Drachen was heißen!

Nach einiger Zeit erblickte er ihn, den Berg mit dem Baum. Marvin jubelte und flog übermütig einen Salto.

Am Fuß des Berges - oder vielmehr des Hügels, denn so groß war der Berg tatsächlich nicht - setzte er vorsichtig zur Landung an. Zaghaft schritt er einmal um den Hügel herum, der sich seltsam, wie ein umgestürzter Pudding aus einer Schale, plötzlich auf der ansonsten völlig flachen Ebene erhob.

Fiona Zepmeisel

Mila Dieckmann

„Hallo?", flüsterte er. „Bist Du wach?"

Nichts rührte sich.

„Hallooo?", behutsam stupste er den Hügel an. „Guten Morgen!" rief er nun schon etwas mutiger.

Wieder rührte sich nichts. Er probierte es noch ein paar Mal, jedes Mal lauter; er kratzte sogar etwas im Sand des Hügels, um zu sehen, ob er darunter etwas fände. Nichts.

Mit einem Mal wurde Marvin heiß und kalt - was, wenn er sich in alledem getäuscht hätte? Was, wenn der Hinweis eine Lüge war? Ein Märchen? Und es gar keinen anderen Drachen hier gab? Was, wenn er die ganze Reise vergeblich unternommen hätte?

Nachdenklich blickte er auf den Hügel. Aber die Wüstengazellenhühner… sie hatten doch gesagt, dass er bebt! Aber wer weiß - vielleicht war es auch einfach nur ein Erdbeben gewesen... Und mal ehrlich: wie wahrscheinlich ist es denn, dass mitten in der Wüste unter einem Berg mit einem Baum ein Drache liegt? Einfach so?

Andererseits, so dachte Marvin, wie wahrscheinlich ist es, dass eine Hühnerschar aus lauter Pfadfinderhühnern in Begleitung eines Pfadfinderfuchses auf dem Rücken eines Drachen zum Nordpol fliegt, um Pinguhühner zu besuchen? Marvin musste lächeln, bei dem Gedanken an Hennriette-Frieda, die anderen Hühner, Karl und die Großfahrt, die sie unternommen hatten.

Ein plötzliches Rumoren unterbrach Marvins Gedanken. Ein unwilliges Brummen war aus dem Hügel zu vernehmen. Sand rieselte an seinen Seiten herab und der Baum, jener letzte Paradiesbaum, begann gefährlich zu schwanken.

Wieder brummte der Berg. Es klang wie „Hmmm? Wasnlos?" Ein müdes Auge blinzelte unter einer Wurzel des Baumes hervor.

Marvin schrie auf vor Freude.

„Bruder!", rief er. „Endlich habe ich Dich gefunden! Endlich! Endlich bin ich nicht mehr allein!" Marvin begann zu singen und führte vor Freude einen kleinen Stepptanz auf.

„Hmm?", brummte der Berg immer noch unwillig „Wer bist'n DU?", fragte der Berg.

„Ich bin Marvin!“, rief Marvin begeistert. „Ich bin ein Drache wie Du! Die alte Prophezeiung - erinnerst du dich? - sie hat sich erfüllt und darum erwachen wir jetzt alle wieder. Darum bist du wahrscheinlich wach geworden, gerade als ich an Hennriette-Frieda und Karl gedacht habe! Und...“

„Okay, Marvin-Hennriette...“, unterbrach der Berg Marvins Redefluss. „Alles schön und gut mit der Hochzeit von Frieda und Karl... aber eigentlich interessiert mich gerade nur eins...“

„Hmm?“, fragend schaute Marvin den Drachen unter dem Hügel an. „Was?“

„Hast Du mal n Kaffee?“, brummte der Berg.

Es gehört wohl mit zu den vielen Merkwürdigkeiten dieser Geschichte, woher Marvin in diesem Moment eine Jumbo-Tasse mit Kaffee auftrieb, aber wer sich in dieser Geschichte noch über Merkwürdigkeiten wundert, ist selber schuld.

Jedenfalls hatte sich sein Drachenbruder nach einiger Zeit endlich aufgerappelt, den zarten Paradiesbaum, der ihm vom Rücken gekippt war, kurzerhand mit einer Klaue aufgehoben und ihn mit dem Wurzelende etwas unsanft, fast beiläufig einfach in die aufgewühlte Erde neben sich gerammt.

„So“, brummte er zufrieden. „Und jetzt erstmal ein Käffchen...“

Nachdem der Wüstendrache etwas wacher geworden war, saßen die beiden nun nebeneinander und begannen zu erzählen.

Friedrich Ganzer

„'tschuldigung", sagte der Wüstendrache, „ich war vorhin noch nicht ganz wach. Ich glaube ich habe mich noch gar nicht vorgestellt. Ich heiße übrigens Jens."

„Und ich heiße Marvin". sagte Marvin. „Nur Marvin übrigens. Ohne Hennriette hinten dran. Hennriette-Frieda ist das Pfadfinderhuhn, das ich getroffen habe, weshalb ich eigentlich..."

„Moment", unterbrach ihn Jens, „das ... WAS-Huhn?!?"

„Na, das Pfadfinderhuhn..."

„Wasndas?", fragte Jens verständnislos.

„Ich erklär's dir... aaaalso..."

Noch bis spät in die Nacht saßen die Beiden am Lagerfeuer. Und Marvin erzählte Jens die ganze Geschichte, angefangen von Hennriette-Frieda bis hin zu den Pinguhühnern. Und schließlich erklärte er ihm die Idee mit der Gründung eines Drachen-Pfadfinderstammes. Und als ein heller Streifen über dem östlichen Horizont die bald aufgehende Sonne ankündigte und Marvin mit seinen Erklärungen am Ende war, nickte Jens.

„Hmmm, klingt alles soweit spannend und gut. Aber mal ehrlich - wie genau geht denn Pfadfinder? Was gehört alles dazu? Und wie wird man eigentlich Pfadfinder?"

„Naja", sagte Marvin, „so alles weiß ich auch noch nicht darüber. Aber ich kenne jemanden, der es weiß: Hennriette-Frieda. Lass uns einfach mal Hennriette-Frieda besuchen!"

„Is gebongt", bestätigte Jens gähnend „Aber erstmal brauche ich einen zweiten Kaffee..."

Und ob Jens seinen zweiten Kaffee bekommen hat und ob und wie sie schließlich zu Hennriette-Frieda gekommen sind, das erzähle ich euch morgen.

Josephine Oberhammer

Kapitel 4:

Auf dem Heimweg

Luise Schiller

Maximilian Gröhn

Natürlich bekam Jens, der Drache, noch einen zweiten Kaffee, bevor er sich mit Marvin aus der Wüste auf den Weg zu Hennriette-Frieda und den Pfadfinderhühnern machte, in ihrem kleinen Stall, auf dem kleinen Hof in dem noch kleineren Dorf und dem - im Vergleich zur Wüste - recht kleinem Deutschland.

Eine ganze Weile flogen Marvin und Jens schweigend durchs Dazwischen. Nun ist es ja aber so, dass die Ausschilderung im Dazwischen, na, sagen wir mal, eher mangelhaft ist. So viel war Marvin auf seiner Suche hin und her geflogen, dass er sich, je weiter sie flogen, tatsächlich nicht mehr ganz sicher war, ob sie noch in der richtigen Richtung unterwegs waren.

Fieberhaft versuchte er, sich zu erinnern und - gleichzeitig noch angestrengter - sich eben das nicht anmerken zu lassen.

„Pass auf! Da vorne!“, riss ihn Jens’ Rufen aus den Gedanken. Doch noch ehe er ein geschicktes Ausweichmanöver hätte einleiten können, war Marvin schon mit voller Wucht gegen die Bergspitze geflogen, die - wer weiß woher - plötzlich im Dazwischen aufgetaucht war.

Ihm wurde schwarz vor Augen. Benommen trudelte er mit schlaffen Flügeln an der Seite des Berges hinab in die Tiefe.

„Marvin!“, schrie Jens und setzte seinerseits zum Steilflug nach unten an.

Vorsichtig blinzelte Marvin durch die halbgeschlossenen Augenlider. Unter sich fühlte er etwas Warmes,

Weiches. Über sich sah er verschwommen das besorgte Gesicht seines Gefährten.

„Marvin? Marvin! Hey, alles klar?“ Jens blickte bekümmert auf seinen Drachenbruder, der neben ihm auf dem Rücken auf einer sonnenbeschienenen grünen Almwiese lag.

„Aua“, stöhnte Marvin und befühlte seinen Kopf. Eine riesige Beule erhob sich auf seiner Stirn, ziemlich exakt zwischen seinen kantig geschuppten Augenbrauen. Ein Glück nur, dass Drachen gut gepanzert sind, sonst wäre es bei diesem Crash kaum nur bei einer Beule geblieben. Marvin brummte der Schädel. Mit zusammen gekniffenen Augen sah er sich um und begutachtete schließlich die Bergspitze, die sich steil wie ein Dorn neben ihm in den Himmel erhob.

„Wo kam DAS denn auf einmal her?!“, fragte er fast anklagend. Jens zuckte die Schultern. „So, wie es aussieht, steht das hier schon eine ganze Weile…“, bemerkte er.

Marvin schüttelte sich. „Au, mein Kopf. Naja egal…“

„Wo sind wir hier eigentlich?“, wollte Jens wissen.

„Ich habe keine Ahnung“, murmelte Marvin und blickte sich suchend um. „Wir werden wohl jemanden fragen müssen…“

„Da schau! Da hinten!“ Jens deutete auf eine dünne Rauchsäule, die sich zwischen zwei Felsen gen Himmel kringelte. Er hielt die Klaue über seine Augen, um sie vor der Sonne zu schützen, und fixierte angestrengt einen Punkt in der Ferne. „Ich glaube, da ist eine kleine Hütte!", sagte er. „Vielleicht können wir ja DA mal fragen!" Sogleich setzte er sich mit ausholenden Schritten in Bewegung.

Hannah Ganzer

„Ahhh, Moment...", rief Marvin und hielt Jens an der Schwanzspitze fest. „Also, wir sollten vielleicht etwas vorsichtig sein", fügte er erklärend hinzu. „Wir wissen nicht, auf wen wir stoßen. Und... naja... nicht alle Wesen scheinen den Anblick eines Drachen so gewöhnt, weißt Du?"

Jens blickte Marvin fragend an. „Na gut", meinte er schließlich, „dann machst Du das vielleicht besser. Du kennst dich damit ja mittlerweile etwas aus..."

Marvin atmete einmal tief durch und schob sich schließlich an Jens vorbei.

„Da ist tatsächlich eine Hütte…“, murmelte er, als sie ein Stück gewandert waren.

„Sag ich doch“, erwiderte Jens nicht ganz ohne Stolz.

Aber je näher sie der Hütte kamen, desto kleiner wurde sie, bis die Beiden schließlich vor dem Gebäude, nicht größer als eine Hundehütte, stehen blieben.

An den kleinen Fenstern hingen noch kleinere Blumenkästen mit gepflegten Geranien. Über der Holztür befand sich eine, mit dem Bild eines Edelweiß verzierte Mini-Kuhglocke und neben dem Häuschen flatterte eine rote Fahne mit einem weißen Kreuz im lauen Wind.

„Ich geh mal vorsichtig klopfen“, flüsterte Marvin. „Du wartest hier besser.“

Marvin legte sich so platt auf die Erde, wie er konnte, streckte behutsam eine Kralle seiner Klaue aus und schnippte sacht gegen die Tür.

Mit einem gewaltigen Krachen, das man so einer kleinen Tür gar nicht zugetraut hätte, zerbarst das Holz. Quietschend hingen die Reste in den verbogenen Türangeln.

„Na super!“, seufzte Jens.

„Na wenn du’s besser kannst - warum hast Du’s denn nicht gemacht?“, zeterte Marvin zurück.

„Na, ich denke DU kennst dich so super mit diesen Sachen aus!“ Jens verschränkte die Arme vor der Brust.

„Ich weiß ja noch nicht mal, wo wir sind! Woher soll ich denn wissen, wie man so 'ne blöde Tür…", wollte Marvin kontern, als er plötzlich von einem leichten Räuspern aus dem Türrahmen unterbrochen wurde.

„Grüezi wohl, die Herren", begrüßte der Bewohner ausgemacht höflich die beiden Drachen, was angesichts der lädierten Tür schon sehr seltsam war. Noch seltsamer war wohl, dass nicht nur die zerstörte Tür, sondern auch der Anblick der beiden Drachen den Bewohner in keinster Weise aus der Ruhe zu bringen schien.

„Wennt Siä Ihren Disput beendet chaben, chönntet Siä mir gütigerrr Weis wohl verzähle, warum Siä mine Türrr so ramponieret hant?", fragte er, immer noch ausgesucht höflich und doch mit einem säuerlichen Unterton.

Marvin lief fast so rot an wie die Fahne neben dem Haus, was man glücklicher Weise durch die Schuppen kaum sah.

„Ich… äh… also wir… ich meine, also… äh… ich bitte vielmals um Entschuldigung", begann Marvin stotternd. „Es war nicht meine Absicht, Ihre wunderschöne Tür…"

Mit einem Mal stutzte er, als sein Blick auf den Bewohner der Hütte fiel.

An den Füßen trug das Wesen feste Wanderschuhe, aus denen dünne, staksige Beine in weißen Wollkniestrümpfen ragten, die wiederum an einem rundlichen, dicht gefiederten Körper endeten, auf dem ein etwas länger Hals und an dessen Ende ein Kopf mit Schnabel, Kehllappen und Kamm saß. Wobei das mit dem Kamm nur eine Vermutung von Marvin war, war doch der Kopf fast gänzlich von einem Filzhut bedeckt, an dessen Seite ein kleiner Gamsbart wippte. In der rechten Flügelspitze trug das Wesen zu dem einen reich verzierten, spitzen Wanderstock.

„... Ihre Tür zu ruinieren“, beendete Marvin flüsternd seinen Satz, bevor ihm das Maul vor Verwunderung offen stehen blieb.

„Eigentlich wollte er nur klopfen...“, murmelte Jens, der seinerseits den Blick von diesem Wesen nicht abwenden konnte.

„Ach sooo!“, antwortete das Wesen, als sei dies eine hinreichende Erklärung. „Und - werrrr sind Siä und was want Siä vo mirrr?“

Die Stimme klang fast wie ein leichter Singsang, mit wirklich sehr vielen, kehligen „chs“ und „rrrs“ darin, und dabei so umwerfend freundlich und geradezu gemütlich, dass man unwillkürlich das Bedürfnis verspüren könnte, sich hinzusetzen und genüsslich ein paar kleingeschnittene Käsestücke zu knabbern.

„Entschuldigung, wie unhöflich von mir“, beeilte sich Marvin zu sagen. „Ich bin Marvin. Und das ist mein Drachenbruder Jens. Eigentlich waren wir unterwegs durchs Dazwischen, als ich dummerweise gegen Ihren Berg geflogen bin...“

„Jaja, die Jugend... immer so rasant unterwegs", murmelte das Wesen.

„Und eigentlich", fuhr Marvin fort, „wollten wir uns nur nach dem Weg erkundigen... Oder vielleicht könnten Sie uns sagen, wo wir überhaupt sind... und vielleicht, wenn Sie die Güte hätten, wer Sie sind... Ich meine, wegen der Rechnung für die Tür und so..."

„Wo Siä sind?!?", fragte das Wesen erstaunt. „Ja, gsehn Siä das denn nöd

? Siä sind in derrr wunderschönen Schwiiiz! Das hier isch mine Alm; ich bin das Berghuhn hier und Siä gestatten, dass ich mich vorstelle: Manuel Neuer isch min Name."

Jens hielt sich eine Klaue vors Maul, konnte aber ein prustendes Lachen kaum unterdrücken.

„Pschschscht!", herrschte ihn Marvin leise an.

„Sehr erfreut, Herr Neuer", antwortete er mit einer leichten Verbeugung. „Das mit der Tür tut mir ehrlich leid..."

Das Berghuhn winkte ab.

„Ach, da machet Siä sich nöd all zu viel Gedanke. Das zahlt diä Versicherung... Aber saget Siä - wohin wolltet Siä denn?"

„Naja", sagte Marvin, „eigentlich nach Deutschland, eine Freundin besuchen. Sie ist ein Pfadfinderhuhn. Hennriette-Frieda. Sie kennen Sie nicht zufällig?"

„Ahhh", machte Manuel Neuer verstehend, fast als erinnere er sich. „Nei!", fügte er dann entschieden hinzu.

„Schade", bemerkte Marvin. „Aber vielleicht könnten Sie uns trotzdem sagen, wie wir nach Deutschland kommen."

„Ja sicher! Da müsset Siä immer geradeuss nach Weschte…", sagte das Berghuhn und deutete nach Süden.

Marvin verbeugte sich abermals.

„Vielen, vielen Dank! Sie haben uns sehr geholfen!"

„Chei Ursach!", antwortete das Huhn und lächelte. „Dann noch guäte Flug. Und flieget Siä vorsichtig!"

„Machen wir!", rief Marvin, der sich schon zum Gehen gewandt hatte, über die Schulter zurück.

Mit einem Mal blieb Jens stehen und drehte sich nochmal um.

„Sagen Sie, Herr Neuer", rief er dem Berghuhn zu, das schon fast wieder in seiner Hütte verschwunden war, „nur mal so aus Neugier: Was macht man eigentlich so als Berghuhn, alleine auf der Alm?"

„Also ich", antwortete das Huhn, „ich züchte Melone. Also weischt, so die Viah- und Weidewirtschaft, mit dem Chääås und all dem… das bringt ja nöd wirklich mehr öppis ein…"

„Verstehe", nickte Jens. „Na dann… viel Spaß mit den Melonen!", rief er, winkte dem Huhn noch einmal zu und schloss zu Marvin auf, der sich bereits in die Lüfte schwang.

Manuel Neuer nickte noch einmal freundlich und verschwand kopfschüttelnd in seiner Hütte. „Immer diese Fremden", murmelte er, „chei Ahnig von schwiizer Kultur."

Lange Zeit flogen die Drachen schweigend dahin, wenngleich es Marvin ziemlich seltsam vorkam. Irgendwie hatte er das Gefühl, immer noch nicht auf dem richtigen Weg zu sein. Aber schließlich erspähte er von oben saftig grüne Felder, üppige Wälder und freundlich geschwungene Hügel. "Ja, das könnte Deutschland sein...", dachte er so bei sich. Aber irgendetwas schien ihn zu verunsichern... War Deutschland wirklich SO grün? Und so dünn besiedelt? Und wo waren die Autos? Naja, wer weiß, vielleicht waren sie einfach an einer anderen Ecke herausgekommen. Auf einer Ebene, an dessen Rand er ein Dorf erspäht hatte, ging er in den Sinkflug.

Sanft und leise setzten sein Klauen auf einer fruchtbaren Weide auf, an deren Ende einige Gestalten mit Pferd und Pflug einen Acker bearbeiteten.

„Haben die hier keinen Trecker?", fragte er sich verwundert.

„Ohhh!", rief Jens aus, als er die Figuren erblickte. „Ich wusste gar nicht, dass Menschen so klein sind!"

„Sind sie eigentlich auch nicht...", murmelte Marvin und zog die Stirn kraus.

Seltsam, das alles hier. Aber sei's drum.

Langsam und vorsichtig schritt er auf die Leute zu. Doch kaum, dass sie ihn erblickten…

„Ein Drache! Ein Drache! Hilfe! Rette sich wer kann! Smaug ist wieder da!", schreiend rannten die Bauern davon, während das Pferd in wilder Panik mit dem Pflug hintendran polternd über das Feld davonjagte.

„Ich hab's geahnt…", seufzte Marvin.

„Die Pferde sind hier aber auch recht kleinwüchsig, findest du nicht?", wandte sich Jens, der Marvins Seufzer überhört hatte, an seinen Drachenbruder. „Schuhe scheinen die hier auch nicht zu kennen…", fuhr er fort. „Und überhaupt: seit wann heißt Du Smaug?"

Marvin sah ihn irritiert an: „Smaug? Wieso denn Smaug?"

„Ja keine Ahnung", erwiderte Jens, „aber einer von diesen barfüßigen kleinen Menschen nannte dich so. Nicht gehört? ‚Smaug ist wieder da'."

Aber noch ehe sich Marvin einen Reim darauf machen konnte, sah er, wie eine ganze Horde dieser seltsamen Menschen wieder zurück kam - mit Spießen und Mistgabeln bewaffnet und in der Mitte eine riesige Balliste hinter sich her ziehend, mit einem schweren, schwarzen, gusseisernen Pfeil bestückt.

Wenngleich sie so klein waren - die Truppe, die sich da vor ihnen aufbaute, wirkte schon recht bedrohlich.

Schließlich trat eine Gestalt aus deren Mitte hervor, in der Hand ein kurzes, scharf blitzendes Schwert.

„Verschwinde, Smaug, du Schrecklicher! Du und Deine Sippe!“ Drohend hielt die Gestalt das Schwert in Marvins Richtung.

„Ich... ich heiße nicht Smaug! Ich bin Marvin! Ich tue euch nichts! Ich wollte doch nur zurück, nach Deutschland, zu dem kleinen Dorf, zu Hennriette-Frieda, dem Pfadfinderhuhn!“, schrie er verzweifelt.

Ein Gemurmel brach unter den Angreifern aus.

„Hennriette-Frieda? Kennt die jemand?“ „Nööö. Aber was sind eigentlich Pfadfinder? Meint er Waldläufer?“ „Keine Ahnung. Aber es klingt verrückt... vielleicht eine Verwandte der Tucks?“ „Nee, das wüsste ich!“ „Und was ist dieses Deutschland, von dem er faselt? Gehört das zu Mordor?“

Nach einer Weile endete das Gemurmel.

„Hör zu, Smaug. Hier gibt es keine Pfadfinder. Und weder in Beutelsend noch in Hobbingen wohnt eine Hennriette-Frieda, da sind wir uns ziemlich sicher!“, rief die kleine Person mit dem Schwert. „Und ein Deutschland kennen wir auch nicht.“

„Ja aber...“, rief Marvin. Doch bevor er weitersprechen konnte, stürmte der Mob vor.

„Es lebe das Auenland!“, brüllten sie und schwangen ihre Mistgabeln.

„Marvin, komm!“, flehte Jens „Ich glaube, hier sind wir falsch...“

„Ich glaube auch...“, antwortete Marvin. Ein langes, schwarzes, spitzes Etwas flog haarscharf an seinem rechten Ohr vorbei, als die beiden mit kräftigen Flügelschlägen davonflogen, begleitet von dem Triumphgeheul der Hobbits.

‚Das Auenland?!?', fragt Ihr? ‚Das aus ‚Herr der Ringe' ?!?', wundert Ihr Euch? ‚Merkwürdig!', sagt Ihr? Ganz und gar nicht!

Das einzig wirklich Merkwürdige daran ist, dass Marvin und Jens daran nicht gedacht haben - dass der Flug durch Dazwischen, zumal in Richtung Westen, bekanntermaßen nicht nur die Zeit, sondern bisweilen auch den Raum ändert.

Zumindest ein Drache sollte das wissen.

Und wenn schon nicht das, dann doch zumindest dies: dass Deutschland, von der Schweiz aus gesehen, ganz sicher nicht im Westen liegt...

„Ich bin so ein Idiot!", murmelte Marvin und schüttelte immer wieder seinen Kopf. „Wie konnte ich nur so dumm sein?"

„Was? Wieso denn?", fragte Jens.

„Ach nichts...", murmelte Marvin. „Komm, lass uns einfach mal nach Norden fliegen und dann den Weg nach Osten einschlagen..."

Als endlich unter ihnen wieder die gewohnt grüngelben Felder auftauchten, durchzogen von den grauen Bändern der Autobahnen seufzte Marvin erleichtert.

Jens hingegen, dem das alles fremd und neu war, konnte sich kaum sattsehen, an den Landschaften unter ihm, dem Gewusel der großen Städte und den

Autos, die wie kleine bunte Punkte auf den grauen Bändern dahin jagten.

„Guck mal!“, rief er alle paar Minuten, „ein See, ... eine Kirche, ... oh, ein Schwimmbad, ... ein Open-Air-Konzert, ... ein Rummel, ...“

„Ja. Sehr schön“, erwiderte Marvin dann stets mit monotoner Stimme, die dem Gegenüber eigentlich signalisieren soll, er möge endlich sein Maul halten.

Aber Jens war nicht zu bremsen.

„Oh, guck mal“, rief er wieder, „ein Sportplatz!“

„Ja. Sehr schön.“

„Hey Marvin, guck doch mal!“, rief Jens aufgeregt. „Da trainiert die Nationalmannschaft! Das ist ja ein Ding!“

„Pffff“, machte Marvin nur verächtlich.

„Ein Weltmeister-Team, das in der Vorrunde schon mit 0:2 ausscheidet, ist den Blick eines Drachen nicht würdig“, sagte er und reckte trotzig seine Nase in den Wind.

„Och Marvin, nun sei doch nicht so!“, bemerkte Jens. „Ist doch nur ein Spiel!“

„Ja“, murmelte Marvin „es gibt tatsächlich Wichtigeres. Zum Beispiel, seine Freunde wiederzufinden... Wenn ich mich doch nur entsinnen könnte, wo dieses vermaledeite Dorf lag, in dem Hennriette-Frieda...“

Just in diesem Moment saß eben diese, nach einem ausgiebigen warmen Sandbad zufrieden im Gehege vor einem, zu einem kunstvollen Palstek verknoteten Wurm.

„Hey, Hennriette-Frieda, willst du auch noch einen?“, rief ihr Emilia vom kleinen Lagerfeuer aus zu und hielt ihr einen knusprig gold-braunen Marshmallow hin.

Fiona Zepmeisel

„Gerne!“, Hennriette-Frieda nickte und musste plötzlich daran denken, wie sie auf ihrer Reise zum Nordpol auf Marvins Rücken Marshmallows geröstet hatten… Marvin… Hennriette-Frieda seufzte tief, als sie an den Drachen dachte. Seit fast drei Monaten hatte er nichts mehr von ich hören lassen… Wo er wohl steckte?

„Ich weiß, in welche Richtung wir müssen!", jubelte Marvin mit einem Mal. „Komm!", rief er Jens zu, beschleunigte kräftig seinen Flügelschlag und flog eine scharfe Rechtskurve.

„Also ehrlich, Emilia: wie du diese Marshmallows immer so hinkriegst!", lobte Hennriette-Frieda, die sich zu den anderen Hühnern ans Feuer gesetzt hatte. „Nicht zu dunkel, nicht zu hell! Gerade richtig! Ich würde sogar behaupten, mindestens genauso gut wie die, die wir damals auf unserem Weg zum Nordpol auf dem Rücken von..."

„Marvin!", quietsche Finja, „Marvin! Du bist zurück!"

Sofort wandten alle Hühner ihren Kopf.

Und tatsächlich: da kam er geschritten, über die Felder hinter dem Haus und hob freundlich die Klaue.

„Gut Pfad!", rief er. Und sein Herz machte einen kleinen Sprung, als er seine Pfadfinderhühner wiedersah.

„Gut Pfad!", grüßten die Hühner fröhlich zurück.

„Wen hast DU denn da mitgebracht?", krähte der kleine Friedrich.

„Das...", stellte Marvin vor, „ist mein Drachenbruder Jens". Freude und fast ein wenig Stolz lagen in seiner Stimme.

Jens nickte den anwesenden Pfadfinderhühnern zu.

„Angenehm. Ich freue mich sehr, euch kennenzulernen. Marvin hat mir schon so viel von euch erzählt." Er lächelte.

„Erinnert ihr euch an die Prophezeiung, die ich euch damals erzählte, als wir uns zum ersten Mal begegnet sind?", fragte Marvin in die Runde. Die Hühner nickten.

„Nun ja", fuhr er fort, „wenn sich tatsächlich diese Prophezeiung erfüllt haben sollte, so dachte ich, müsste es ja noch mehrere meiner Art geben. Und so habe ich mich auf die Suche gemacht, weil...", er machte eine lange bedeutsame Pause, „ich möchte einen Drachen-Pfadfinderstamm gründen."

Aufgeregtes Gegohcke klang durch das Gehege. „Wunderbar!", gackerte die dicke Gertrud. „Oh, wir freuen uns!", buckte die quirlige Josi und alle Hühner klatschten begeistert mit ihren Flügeln.

„Und Du machst dann mit, ja?", fragten sie Jens, der noch etwas schüchtern am Rand saß.

„Ähhh... ja... also, hatte ich vor. Allerdings weiß ich eigentlich noch gar nichts so richtig darüber...", gestand er. „Deswegen sind wir ja auch hergekommen", ergänzte Marvin. „Wir müssen noch so viel lernen und wir dachten, vielleicht könnt ihr uns helfen..."

„Klaro!", krähte Friedrich.

„Ich kann schon einen richtigen Achterknoten mit einem Regenwurm!", erzählte Josi stolz. „Geht bestimmt auch mit Gänseblümchen... Isst du auch gerne Gänseblümchen?", fragte sie Jens.

„Ich?", fragte dieser überrascht zurück. „Öhhh... also, ähhh. Nein. Ich steh eher auf Erdbeerkaugummi..."

„Macht mikf", antwortete Karl mit vollem Maul, der bisher still Marshmallow mampfend mit am Feuer gesessen hatte, „mäfft fich befpimmt auch verknopen..."

So saßen sie da: Hühner, Fuchs und Drachen. Bis spät in die Nacht prasselte das Feuer, wurden Marshmallows und versuchsweise auch Gänseblümchen und Erdbeerkaugummis gegrillt und eine Erzählung nach der anderen machte die Runde.

„Mau", machte der Kater Silver, als er des Abends zu dem Bauer in die Stube kam und um Aufmerksamkeit bettelnd um seine Beine strich.

„Mau. Weiß Du eigentlich, was da draußen los ist?", fragte er den Bauern, der schläfrig vorm Fernseher saß.

Müde sah er auf den Kater, der leise zu schnurren begann.

„Ach Silver", sagte der Bauer, „für wie blöd hältst du mich eigentlich? Denkst du allen Ernstes, es könnte mir entgehen, wenn die Hühner Halstuch tragend mit einem Fuchs um ein Lagerfeuer sitzen und zwei ausgewachsene Drachen zu Besuch kommen? Was meinst du, von wem sie die Marshmallows haben, die sie da, so ganz rein zufällig, immer im Gehege finden?" Heinz grinste verschmitzt.

„Aber ehrlich", fuhr er an den Kater gewandt fort, „glaubst du denn wirklich, mir würde nur eine müde Maus glauben, wenn ich jemandem DAS erzählen würde? Na siehst Du?" Sanft strich er dem Kater über den Kopf. „Und immerhin", fügte er an, „ist es doch recht unterhaltsam, findest du nicht? Mal sehen, was sie noch alles so aushecken..."

Ja, und was Hennriette-Frieda, der Fuchs Karl und die beiden Drachen Marvin und Jens in dieser Nacht noch so alles ausheckten und was dann weiter geschah, das erzähle ich euch morgen.

Kapitel 5:

Das Geheimnis des Klobürstenberges

Maximilian Gröhn

In den kommenden Tagen und Wochen brachten die Pfadfinderhühner den beiden Drachen alles bei, was sie über Pfadfinderei wussten. Bisweilen konnten sie sich kaum einigen, wer nun Jens und Marvin die kniffeligsten Knoten zeigen, die meisten Himmelsrichtungen erklären und die schönsten Schnitzereien lehren durfte.

„Siehst du, das hätten wir mal früher wissen sollen…", flüsterte Jens Marvin zu, als die kluge Emilia ihnen die Sache mit Norden und Süden, Westen und Osten und den Umgang mit Landkarten beibrachte.

Allein: das Feuer machen, mit Zunder, Streichhölzern und Zweigen begriffen sie nicht ganz.

„Also ich mach das einfach immer so…", meinte Jens und schnaubte kurz die Stöcke an, die Josi verzweifelt seit einer halben Stunde versucht hatte, zum Brennen zu bringen. Keine Sekunde später knisterte ein perfektes Lagerfeuer in der Feuerschale.

„Na, so geht's natürlich auch", kommentierte Josi und zuckte die Flügel.

„Und nicht die Erdbeerkaugummis einfach überall hinspucken!", erinnerte Luise streng mit mahnend aufgerichteter Flügelspitze, als sie Jens gerade die Pfadfinderregeln erklärte. „Weil: ein Pfadfinder schützt die Natur und Umwelt."

Jens nickte brav und schluckte schnell seinen Kaugummi runter.

„Und immer friedlich bleiben! Wir lösen Streit ohne Gewalt!", mischte sich Karl ein.

„Erklär das mal den Hobbits…“, murmelte Marvin.

„Wem?“, fragte Karl irritiert.

„Ach nichts…“, antwortete Jens.

Dann, als die Hühner und Karl den beiden alles erklärt, gezeigt und beigebracht hatten, so gut sie es wussten, nahte der Abend des Abschieds.

In der allabendlichen Feuersrunde hatte man so manches Lied gegohckt, gejault, gebrummt und so manches Marshmallow verputzt. Und irgendwann war das Feuer fast heruntergebrannt.

Schließlich stand Hennriette-Frieda auf.

„Ich hab noch was für Euch…“, sagte sie geheimnisvoll. „Ähh, Karl… könntest du mir vielleicht helfen…?“

Damit verschwand sie im Stall und kam kurze Zeit später mit zwei riesigen, zu Dreiecken geschnittenen Laken wieder heraus.

„Der Bauer hat gestern wieder Wäsche gewaschen. Und ich dachte, ich ergreif mal die Gelegenheit…“, grinste sie.

„Was ist das?“, fragte Jens mit großen Augen.

„Eure Halstücher“, erklärte Hennriette-Frieda feierlich. „Aber zuvor… müsst ihr noch Euer Pfadfinderversprechen ablegen…“

Marvin wurde mit einem Mal ganz anders.

„Steht auf und tretet vor!“, befahl Hennriette-Frieda.

Mit weichen Knien taten die Beiden, wie ihnen gesagt wurde.

„Sprecht mir nach!“, forderte Hennriette-Frieda sie auf. Erwartungsvoll starrten sie zwei Dutzend Hühneraugen an.

Jens schluckte. Und Marvin war so aufgeregt, dass er kaum die Sätze richtig mitbekam.

„.... will ich ein Pfadfinder-Drache sein...“, haspelte er Hennriette-Friedas Worten hinterher.

„...und nach unseren Regeln mit euch leben...“, hörte er das Huhn.

„...und nach unseren Regeln mit euch leben...“, wiederholte er.

Hennriette-Frieda nickte und strahlte.

„Herzlichen Glückwunsch und willkommen in der großen Gemeinschaft der Pfadfinder!“, sagte sie und streckte beiden den Flügel entgegen.

Zusammen mit Emilia und Finja flatterten sie hoch, jeweils eine Ecke des Tuchs im Schnabel und legten es Marvin und anschließend Jens um den Hals.

Ein ohrenbetäubendes Gegohcke setzte daraufhin ein. Und Jens und Marvin schüttelten so viele Flügelspitzen, dass sie am Ende gar nicht mehr wussten, welcher Flügel zu wem gehörte.

„Sind wir jetzt richtige Pfadfinder?“, fragte Jens leise.

„Ja“, flüsterte Marvin zurück und grinste. Doch dann wurde er mit einem Mal still, denn er wusste, dass dies ebenso auch wieder einen Abschied von den Hühnern bedeuten würde.

„Ihr müsst wieder los, nicht wahr?", sagte Hennriette-Frieda, die sich irgendwann, als es ruhiger wurde und die kleinen Hühner bereits ins Bett gegangen waren, zu Marvin gesetzt hatte.

„Naja", sagte er, „zu zweit lässt sich noch nicht so richtig ein Stamm gründen..."

Hennriette-Frieda nickte.

„Im Morgengrauen brechen wir auf", fügte Marvin dann hinzu.

Mit einem Abschiedslied, einem Segenswort und einem riesigen Fresspaket, das sie von den Hühnern überreicht bekommen hatten, machten sich die beiden wieder auf den Weg.

„Wir haben euch etwas ganz Besonderes eingepackt!", verriet die dicke Gertrud, „Marzipan und Schokolade!" Sie grinste erwartungsvoll.

„Danke!", sagte Marvin freundlich, wenngleich Marzipan und Schokolade nicht unbedingt sein Ding waren.

„Machts gut! Und danke für alles!", rief Jens noch zurück, als sie sich schon in die Luft geschwungen hatten, das flatternde Halstuch auf den Schultern.

Gedankenverloren waren die beiden einige Zeit durchs Dazwischen geglitten.

„Wohin fliegen wir eigentlich?", fragte Jens irgendwann in die nachdenkliche Stille hinein.

„Ehrlich gesagt, ich weiß es nicht. Ich weiß nicht recht, wo wir unsere Suche beginnen sollen... Aber wenn es denn so sein soll, dass wir einen Drachenpfadfinderstamm gründen, dann wird es sich schon zur rechten Zeit fügen“, antwortete Marvin.

Nach einer Weile beschlossen die beiden, eine Pause einzulegen und sich umzuhören, ob irgendwer, irgendwo, irgendwas von einem Drachen gehört oder gesehen hätte.

So landeten sie an einem langen Strand vor einer schroff abfallenden Klippe. Aber bis auf ein paar Möwen schien es dort niemanden zu geben, der ihnen hätte weiterhelfen können.

Jens seufzte. Die grauen Wellen, die mit einem monotonen „Flawusch“ auf den Sand rollten und der Nieselregen, den der Wind über den Strand trieb trug nicht gerade zu seiner Stimmung bei.

„Meinst Du, es gibt überhaupt noch andere wie uns?“, fragte er Marvin.

Marvin legte den Kopf schief. „Das habe ich mich auch gefragt, als ich auf der Suche nach Dir war. Und schau - ich habe Dich gefunden. Warum sollte das nicht nochmal gelingen? Und schließlich: ein Pfadfinder...“

„...verliert in Schwierigkeiten nie den Mut, ich weiß“, ergänzte Jens den Satz, als er plötzlich zwei dünne Stimmen hörte, die auf eine seltsame Art gluckernd-gurgelnd klangen.

„Was ist denn das?“

„Ich weiß es nicht.“

Zwei Hühner waren hinter einem Felsen hervorgekommen und beobachteten die beiden Drachen.

Jens hob seine Klaue.

„Gut Pfad!“, rief er freundlich.

„Ich habe davon gehört...“, gluckerte das eine Huhn leise zum anderen, „ein Halstuch und dieser Gruß... das müssen Pfadfinder sein. Das ist gut. Die sind immer freundlich. Vor denen haben wir nichts zu befürchten.“

„Ist nicht eine ferne Verwandte von Dir auch so-was?“, gurgelte das andere Huhn.

„Ja, jedenfalls erzählt man sich das“, erwiderte das erste.

Inzwischen waren Marvin und Jens nähergekommen.

„Gut Pfad!“, grüßte Marvin nochmal freundlich, „Wir sind zwei Pfadfinderdrachen auf der Suche nach unseren Brüdern.“

„Siehst Du, sag ich doch: Pfadfinder“, bemerkte das eine Huhn, wobei es - der Größe, den Schwanzfedern und dem Kamm nach - genau genommen wohl ein Hahn war.

„Habt ihr vielleicht irgendetwas gehört, gesehen? Irgendeinen Hinweis auf solche wie uns?“ Hoffnungsvoll schaute Jens die Hühner an. Sie schienen nachzudenken.

„Das tut uns leid“, gluckerte das Huhn schließlich, „leider nein.“

Jens seufzte und ließ den Kopf hängen.

„Können wir euch sonst mit irgendetwas helfen?“, gluckste der Hahn.

„Na, zumindest könnten wir uns ja immerhin einmal vorstellen, damit wir wenigstens erzählen können, wen wir alles so getroffen haben", schlug Marvin vor. „Also ich bin Marvin", sagte er.

„Ich bin Jens", sagte Jens.

„Ich bin Oli", sagte der Hahn, „und das ist meine holde Gemahlin Julia."

„Angenehm", gurgelte Julia und nickte den beiden Drachen zu.

„Wir gehören zur Familie der Wasserhühner", fuhr sie fort. „Mein Mann ist ein waschechter Wasserhahn."

„Ein Wasserhahn?", fragte Marvin stirnrunzelnd. „Also meinst Du jetzt so... einen richtigen Wasserhahn? Oder ein Wasserhahn?"

Julia sah ihn irritiert an.

„Na, ein Wasserhahn eben... SO: ..." Damit drehte sie kurzerhand an Olis Kamm und auf der Stelle begann aus Olis Schnabel, das feinste Süßwasser zu laufen.

„Das ist ja cool!", hauchte Jens.

„Und verdammt praktisch. So braucht man nie wieder irgendwo Durst zu haben...", fügte Marvin hinzu. „Sag mal, wollen wir die fragen, ob sie mitkommen wollen, man weiß ja nie...", wisperte er Jens leise ins Ohr.

„Wäre gar nicht schlecht...", flüsterte Jens zurück.

Julia hatte Oli inzwischen wieder abgedreht.

„Das ist wirklich beeindruckend“, erklärte Marvin bewundernd. „Und um ehrlich zu sein: Ja, euch bei uns zu haben, wäre wohl tatsächlich hilfreich. Allerdings fürchte ich, dass wir das kaum von euch verlangen können. Wir wissen nicht, wie weit unsere Suche uns noch führt und wohin und...“

„Fein!“, unterbrach ihn Oli, der sich inzwischen den Schnabel geputzt hatte. „Was meinst Du, mein Schatz? Wollen wir mal Urlaub machen?“

„Oh ja, mein Schnuckelhähnchen, das wäre wunderbar!“, säuselte Julia und sah Oli verliebt an.

„Wann geht's los?“, fragte sie an die beiden Drachen gewandt.

„Öhhm, naja...“, erwiderte Jens reichlich perplex. „Also, von mir aus... also sofort. Aber... also seid ihr euch sicher... also fliegen ist ja nicht jederhuhns Sache...“

„Oh fliegen!“, rief Julia gluckernd. „Ich wollte immer schon mal in den Urlaub fliegen! Du doch auch, mein Schatz, oder?“ Erwartungsvoll sah sie Oli an.

„Was meine Gemahlin sagt...“, erwiderte er, ganz der Gentlehahn.

Marvin, der das ganze ungläubig blinzelnd verfolgt hatte, zog die Augenbrauen hoch und zuckte die Schulter.

„Na dann... worauf warten wir?“

„Wer von den Herren ist denn der bessere Flieger?“, fragte Julia und blinzelte kokett von einem zum anderen.

Marvin seufzte und blickte zu Boden. „Er", sagte er missmutig und deutete auf Jens.

„Sie müssen wissen, als wir neulich so über der Schweiz unterwegs waren…", begann Jens.

„Sei still!", brummte Marvin.

Als die beiden Hühner schließlich auf Jens Rücken Platz genommen hatten, flogen sie los.

Ihr nächster Halt sah tatsächlich sehr anders aus. Und es sollte sich tatsächlich als gute Fügung herausstellen, dass Oli und Julia sie nun begleiteten.

„Uääähh!", fluchte Marvin, als seine Klauen bei der Landung einen halben Meter tief im heißen Sand versanken. „Wüste! Schon wieder Wüste! Bahhh!"

„Ich weiß gar nicht, was du hast", erwiderte Jens vergnügt. „Ich fühle mich hier fast wie zu Hause."

„Kein Wunder! Du hast ja auch Jahrhunderte lang in solchem Sand geschlafen", kommentierte Marvin, während er verzweifelt versuchte, die kitzelnden Sandkörner von seinem Flügel zu schütteln.

„Das also ist Wüste, ja? Wirklich schön! Sehr interessant", stellte Julia fest, die inzwischen von Jens' Rücken geflattert war und sich freundlich lächelnd neugierig umsah. „Was meinst Du, Schatz?" Sie blickte fragend zu Oli.

„Ganz nett", Oli nickte zustimmend. „Vielleicht ein bisschen wenig Schatten und ein wenig belebter könnte es auch sein…"

„Ja, aber die Ruhe, mein Schatz, die Ruhe! Ist das nicht herrlich?!?"

Vergnügt gurgelnd begann Julia, im Sand zu baden.

„Hilfe!", ertönte plötzlich ein schwacher, verzweifelter Schrei. „Ist da jemand?"

„Hast du das gehört?" Marvin lauschte angestrengt. Selbst Julia hatte aufgehört zu glucksen und war, sich kräftig schüttelnd, ihrem Sandbad entstiegen.

„Hilfe!", erklang es erneut schwach und leise.

„Das kam von da drüben, von hinter der Düne", meinte Jens und zeigte auf den gewaltigen Sandberg vor sich.

Die beiden Drachen rannten los.

„Na komm, meine Liebe, wollen wir den beiden mal folgen?", fragte Oli seine Gattin und bot ihr galant einen Flügel zum einhaken.

„Aber gewiss!", antwortete Julia und spannte elegant ihr kleines Sonnenschirmchen auf (wo auch immer sie DAS gerade herhatte).

„Weißt Du, meine Liebe, es war wirklich höchste Zeit, dass wir mal Urlaub machen..."

„Ja, mein Schnuckelhähnchen, das war es wirklich. Dieser Klimawechsel bekommt mir wirklich, Weißt Du..."

Derart plaudernd wackelten die beiden gemächlich die Düne hinauf, den großen Drachenspuren folgend.

Marvin und Jens hatten mittlerweile das um Hilfe schreiende Wesen entdeckt.

Ausgemergelt, dürr und am Ende seiner Kräfte lag es in der prallen Sonne im Sand.

Wie so viele Wesen, die Marvin inzwischen auf seinen Reisen getroffen hatte, sah auch dieses wirklich merkwürdig aus: Füße, wie breite, weiche Hufe; zwei dünne, staksige Beine, ein gefiederter Körper, auf dessen Rücken sich etwas ähnliches wie ein zusätzlicher Kehllappen erhob, der dafür unter dem Schnabel am Kopf fehlte, der auf einem sehr langen Hals saß. Auch der Kamm auf dem Kopf schien eher klein und verkümmert, ähnlich wie auch die Flügel am Körper.

„Ach, du armes Wesen!“, flüsterte Jens. „Was bist denn du für ein Ding?“

„Egal, es braucht Hilfe“, erwiderte Marvin.

„Waaaasseeer!“, krächzte das Wesen. „Waaaaasseeeerrr!“

„Wasser?“ Jens überlegte: „Wo sollen wir denn jetzt hier mitten in der Wüste…?“

„OLI!!!“, brüllte Marvin. „Wir brauchen dich! Oli!! Komm schnell!“

„Oh! Hast Du das gehört meine Liebe? Ich glaube, jemand rief meinen Namen…“, unterbrach Oli die charmante Konversation mit seiner Gemahlin.

Julia lauschte.

„Oh ja, tatsächlich. Jemand rief nach Dir. Es klang dringlich, mein Schatz. Vielleicht solltest Du dich beeilen.“

„Ja", stimmte Oli zu, „ich glaube auch. Verzeih, meine Liebe, wir setzen unser Gespräch später fort."

Und mit einer Geschwindigkeit, die man wohl keinem Huhn zugetraut hätte und die nun so gar nicht dem Wesen jenes Hahns zu entsprechen schien, rannte Oli die Düne rauf, eine Staubwolke hinter sich herziehend.

„Sie haben gerufen?", fragte er, als er plötzlich neben den beiden Drachen stand, ohne im Mindesten aus der Puste zu sein.

Marvin zog anerkennend die Augenbrauen hoch.

„Schnell!", sagte Jens, „es braucht Wasser! Es verdurstet!" Damit deutete er auf das Wesen im Sand.

„Ist das denn die Möglichkeit!", entfuhr es Oli. „Ein Wüstenkamelhuhn! Ich habe darüber gelesen. Wisst ihr eigentlich, wie selten die sind?!? Wüstenkamelhühner treten nämlich nurrrrrr…"

Mila Dieckmann

Der Rest des Satzes ging im allgemeinen Gegurgel unter, als Marvin kurzerhand an Olis Kamm drehte…

Die Sonne versank bereits hinter dem Horizont, als das Wüstenkamelhuhn endlich aus seinem Schlaf erwachte, in den es, nachdem es reichlich getrunken hatte, gefallen war.

„Wo bin ich?... Wer…?“, flüsterte es schwach, als sein Blick auf die Drachen und die beiden Hühner fiel. „Gott sei Dank!“, rief es schwach. „Habt ihr mich gerettet?“

Die vier nickten.

„Wie geht es Ihnen?“, fragte Julia besorgt.

„Schon besser“, antwortete das Wüstenkamelhuhn und rappelte sich langsam auf. Sein Rückenlappen, vormals noch klein und eingefallen, hatte inzwischen wieder eine kräftig rote Farbe.

„Ich dachte immer, Wüstenkamel…hühner… könnten nicht verdursten…“, murmelte Jens.

„Oh doch, mein Freund“, sagte das Wüstenkamelhuhn, „sie können. Es mag länger dauern, aber sie können.“

Ein kurzes Husten unterbrach seine Rede; schließlich setzte es sich aufrecht hin und begann zu erzählen: „Mein Name ist Halef. Ich habe im letzten Sandsturm meine Herdenschar aus den Augen verloren. Eigentlich wollte ich zu der kleinen Oase, in der Hoffnung, sie dort wiederzutreffen. Aber ich habe den Weg nicht mehr gefunden…“

„Wir sind, meine ich, beim Flug über eine Oase gekommen“, warf Julia ein.

„Wirklich?!“, hoffnungsvoll blickte das Wesen sie an.

„Ja, ungefähr einen Tagesmarsch in diese Richtung…“, sagte sie und deutete nordwärts.

„Oh meine Freunde!“, jubelte Halef, „wie kann ich euch jemals danken? Ihr habt mich gerettet und - so Gott will - finde ich dank Eurer Hilfe sogar meine Herdenschar wieder! Bitte, sagt: was kann ich für euch tun, um meine Dankbarkeit zu erweisen?“

„Naja…“, murmelte Marvin, „danke für das Angebot. Aber ich glaube, das, was wir wirklich bräuchten, kannst auch du uns nicht geben… Oder hast Du zufällig Informationen darüber, ob und wo es hier irgendwo solche wie uns gibt?“

Im letzten Schein der untergehenden Sonne betrachtete Halef Jens und Marvin und es schien, als nehme er sie das erste Mal überhaupt richtig in Augenschein.

„Drachen!“, hauchte er mit einem Mal, „Ihr seid Drachen!“

„Richtig“, bestätigte Marvin. „Aber wir tun keinem etwas und wir wollen auch nicht nur spielen. Wir sind friedlich…“

„Weil wir sind Pfadfinderdrachen…“, ergänzte Jens.

Halef nickte bedächtig.

„Und ich dachte immer, meine Cousine aus Indien spinnt... die faselt nämlich schon seit einiger Zeit etwas von einem Drachen, der unter einem Berg in ihrer Nähe wohl schlafen soll. Oder eben auch nicht mehr. Weil der Berg ständig rumort..."

Marvin und Jens waren mit einem Satz auf den Beinen.

Fast zeitgleich war auch Oli aufgesprungen.

„Es gibt einen Drachen in Indien?", riefen die Beiden wie aus einem Maul.

„Es gibt Wüstenkamelhühner in Indien?", rief Oli dazwischen.

„WO?!?", riefen alle drei unisono.

„Naja", meinte Halef und kratze sich mit einem seiner Stummelflügel am Kopf. „Also, es gibt da eine große Stadt. Kaum zu verfehlen, wenn ihr immer weiter südöstlich fliegt. Auf den weiten Ebenen vor dieser großen Stadt, da lebt meine Cousine mit ihren Verwandten. Wenn ihr die Stadt hinter euch gelassen habt, kommt ihr an einen großen Fluss, der einem großen Gebirge entspringt. Naja, und am südlichsten Ausläufer dieses Gebirges... also, da gibt es einen Berg, einen großen Felsen vielmehr, der aussieht wie eine Klobürste, und da..."

„Der aussieht wie WAS?", fiel ihm Marvin ins Wort und zog die Stirn in Falten.

„Naja, wie eine Klobürste...", wiederholte Halef und zuckte mit den Schultern. „Da jedenfalls soll dieser Hügel liegen, der immer rumort..."

Einen Augenblick war alles mucksmäuschenstill.

„Oh Schatz, wie romantisch!", rief Julia mit einem Mal. „Wir fliegen ins Klobürstengebirge!"

Allein die Befürchtung, dass sie in der Dunkelheit jenen so lang gesuchten Drachenhügel verfehlen könnten, hielt Marvin und Jens davon ab, sofort zu starten. Doch schon beim ersten Morgengrauen verabschiedeten sie sich von Halef und machten sich auf den Weg.

Eine ganze Weile schon waren sie spähend durch das Dazwischen geflogen.

„Da!", rief Jens. „Ich sehe die Stadt, die Halef meinte." Er deutete mit einer Klaue auf ein schier unendliches Häusermeer.

„Da ist auch der Fluss…", rief Oli.

Und nur wenig später erhob sich aus dem hellblaugoldenen Dunst zwischen Wolken und Dazwischen das mächtige Gebirgsmassiv.

„Marvin…!", rief Jens mahnend.

„Jaja, schon gut", erwiderte dieser fast ärgerlich. „Ich fliege ja schon vorsichtig…"

Langsam gingen die beiden Drachen in den Sinkflug.

„Ist das schön!", hauchte Julia, als sie an den Flanken des Berges vorbeirauschten.

Intensiv suchte Marvin die Felslinie ab.

„Da!!!", rief er, nachdem sie scheinbar endlos lange dem Massiv gefolgt waren.

Maximilian Gröhn

Und tatsächlich: dort, wo die üppige Vegetation der Täler sich den Berg hinauf rankte, langsam dünner wurde und schließlich in bloßes Gestein überging, erhob sich ein einzelner Felsen, der unverkennbar in Form einer Klobürste in den Himmel stach. Unweit davon, fast zu übersehen, fand sich tatsächlich ein

Hügel; der Gestalt nach dem nicht unähnlich, unter dem Marvin dereinst Jens entdeckt hatte.

„Guck mal! Marvin!“, schrie Jens und nickte mit dem Kopf in Richtung des Hügels. Jubelnd vollführte Marvin einen Looping. Allein seine Flugpassagiere hinderten Jens, es ihm gleich zu tun.

Am Fuße des Hügels setzten sie zur Landung an.

„Oh Mann, ich glaub ich muss aufs Klo!“ wisperte Jens, als sie den Hügel umrundeten.

„Jetzt?!?“, rief Marvin und guckte Jens strafend an.

„Naja, ich muss immer pieseln, wenn ich aufgeregt bin“, entschuldigte sich Jens.

Marvin verdrehte die Augen.

„Verkneif's dir und sei bitte ruhig, ich muss mich konzentrieren!“, zischte er.

Dann atmete er einmal tief durch und schloss die Augenlider. Er dachte an Hennriette-Frieda und Karl und wie sie sich das erste Mal begegnet waren.

„Wenn Huhn und Fuchs, Löwe und Lamm nebeneinander laufen…“ wisperte er jenen Teil aus der Prophezeiung.

Und der Berg begann zu rumoren.

„Oh schau, meine Liebe, ein Erdbeben! Wie aufregend!“, rief Oli.

„Sei bitte vorsichtig, mein Schatz!“, rief Julia durch das Getöse zurück. „Nicht, dass dich noch so ein Stein erschlägt… oder das Auge da…“

„Hmmm?“, brummte der Berg und blinzelte verschlafen.

Hannah Ganzer

„Krass!“, hauchte Jens. Er fing plötzlich an zu schreien: „Marvin! Wir haben ihn! Wir haben ihn gefunden! Jupdidu! Wir haben ihn gefunden!“ Sein Schreien ging in ein schiefes Singen über: „Wir haben ihn gefunden, wir haben ihn gefuuuhhuuuhuuundeeeen!“

„Boah, Mann! Könnt ihr mal ein bisschen leiser sein, so mitten in der Nacht?“, nölte der Berg unwirsch.

„Ähm, Entschuldigung“, sagte Marvin höflich, während er sich bemühte, den hüpfenden Jens zu bändigen. „Also, es ist zwar nicht Mitten in der Nacht, sondern helllichter Tag, aber ich verstehe das sehr gut, wie es dir gerade geht. Ich könnte dir vielleicht einen Kaffee organisieren, wenn das was hilft…“

„Hmm?“, machte der Berg wieder fragend. „Wer bist Du denn? Und woher willst DU wissen, wie es mir geht?“, keifte er.

„Weil ich auch ein Drache bin und auch erst vor einiger Zeit wach wurde," erklärte Marvin ruhig.

„WAAAT?!?" Der Berg rumorte etwas mehr, bis an mehreren Stellen gold-gelbe Schuppen zutage traten. Schließlich hob der Berg seinen geschuppten Kopf und blickte den vergnügt summenden Jens und Marvin mit verschlafenen Augen an.

„Darf ich vorstellen?", sagte Marvin, „Ich bin Marvin. Mein Kollege, der gerade etwas aus dem Häuschen ist, heißt Jens. Unsere beiden Begleiter - denen wir im Übrigen zu einem nicht geringen Teil zu verdanken haben, dass wir dich gefunden haben - das sind Oli und Julia aus der Familie der Wasserhühner. Und wer bist Du, wenn man fragen darf?"

„Hannah", sagte der Drache lakonisch und gähnte.

Jens blieb mit einem Mal stocksteif stehen und auch Marvin schien zur Salzsäule erstarrt.

„Du bist ein... ein... ein...", stotterte er.

„Was?!?", fragte Hannah ungehalten. „Ein Drache, ja! Und?!?"

„Ja aber du bist ein... ein... ein...", stotterte Jens.

„Mädchen!", vollendete Hannah. „Ja, und?!?"

Es brauchte eine Zeit, bis die beiden sich von diesem Schock erholt hatten. Und mindestens nochmal genauso lange, bis Hannah sich gänzlich unter den Felsen freigegraben hatte. Jens und Marvin starrten sie mit großen Augen an, während sie ihre Schuppen sorgsam von Kielsteinen reinigte.

„Na, was is'n jetzt mit Kaffee, Jungs?", rief sie und schaute sie erwartungsvoll an.

„Bin schon unterwegs...", hauchte Jens.

Aber selbst diese wirklich kaum zu glaubende Merkwürdigkeit - ein Drachenmädchen! - hatten die beiden Drachen irgendwann akzeptiert und sich daran gewöhnt.

Und so saßen sie schließlich, wie üblich abends am Feuer und Marvin begann zu erzählen. Von Henriette-Frieda, wie es alles begonnen hatte, vom Nordpol, wie er schließlich Jens gesucht und gefunden hatte - und wie sie sich auf die Suche nach ihr gemacht hatten. Und, natürlich, von ihrer Idee, einen Drachenpfadfinderstamm zu gründen.

Hannah nickte.

„Is ja alles schick, Jungs. Ich mach auch gerne mit, aber erstmal brauch ich was zu essen. Mir knurrt der Magen!" Sie sah sich um und schließlich blieb ihr Blick an Oli und Julia hängen. Mit hungrigen Augen starrte sie sie an.

„Ihr Beide!", rief sie Oli und Julia zu. Die beiden machten vor Schreck einen kleinen Hüpfer nach hinten. „Ja, ihr!" rief sie. Mit großen Hühneraugen starrten die beiden sie an.

„Ähh... Marvin...", raunte Jens seinem Drachenbruder zu und deutete warnend auf Hannah.

Marvin hielt die Luft an.

Einen Moment herrschte absolutes Schweigen.

„Ihr habt nicht zufällig ein paar Nüsse?“, fragte sie die kreidebleichen Hühner. „Oder noch besser: Marzipan! DAS wär's jetzt!“ seufzte Hannah.

Marvin überlegte kurz.

„Ähhm... Warte mal...“ Dann kramte er in seiner Bauchtasche unter seinen Schuppen und hielt Hannah breit grinsend eine Klaue voll Marzipan und schon etwas aufgeweichter Schokolade hin. „Mit besten Grüßen von den Pfadfinderhühnern!“, strahlte er.

Hannah lächelte das erste Mal so richtig.

„Jep, die Sache mit den Pfadfindern gefällt mir“, sagte sie und griff gierig zu.

„Aber mal ehrlich Jungs...“, fuhr sie schmatzend fort. „Wollt ihr jetzt allen Ernstes jahrelang durch die Weltgeschichte fliegen auf der Suche nach weiteren Drachen? Dann wird das doch nie was mit der Stammesgründung...“

„Hast Du eine bessere Idee?“, fragte Jens pikiert - wenngleich er sich eingestehen musste, dass er sie echt cool fand und es ihm schwerfiel, Hannah nicht ständig anzustarren.

„Ja, hab ich“, sagte sie und schmatzte grinsend weiter.

Aber was das für eine Idee war und wie es mit Marvin, Jens und Hannah weiterging und was aus Oli und Julia, den Wasserhühnern wurde, das erzähle ich euch morgen.

Kapitel 6:

Das große Treffen

Hannah Ganzer

Noch lange saßen die drei Drachen zusammen mit den Wasserhühnern dort in jener Nacht am Klobürstenberg und schmiedeten Pläne.

„Anstatt unsere Zeit damit zu vergeuden, jeden Drachen einzeln zu suchen, um irgendwann einen Pfadfinderstamm zu gründen...", erläuterte Hannah ihre Idee, „was halten ihr denn statt dessen davon: wir machen Flyer... hunderte, tausende... wir erzählen darauf von der Prophezeiung und von unserer Idee, einen Drachenpfadfinderstamm ins Leben zu rufen... und bitten alle, die irgendwo von einem Drachen wissen, das einfach weiterzuerzählen...und dann laden wir alle Drachen zu einem großen Gründungstreffen ein..."

Hannah bekam ganz glühende Wangen und kleine Funken stoben vor Aufregung aus ihrer Nase. „Ihr habt mir doch selbst von dieser Regel erzählt: ein Pfadfinder fügt sich aus freiem Willen in die Gemeinschaft ein... also, wenn das Ganze mit Gemeinschaft zu tun hat... Dann müssen wir doch nicht immer alles alleine machen, oder?"

„Naja", wandte Marvin skeptisch ein, „aber meinst Du, dass da andere Wesen einfach so mitmachen beim Zettel verteilen und weitererzählen und Drachen aufwecken? Ich meine...ich habe so den Eindruck, dass nicht alle unbedingt gut auf Drachen zu sprechen sind..."

Hannah musterte ihn scharf. „Und was ist mit Henriette-Frieda? Und Karl? Und den Pinguhühnern? Und

Achmed? Elina? Manuel Neuer? Halef? Oder hier: mit Oli und Julia?" Sie deutete auf die zwei Wasserhühner, die leicht gurgelnd aneinander gekuschelt vor sich hindösten.

„Nur weil ein paar dumme Menschen geflohen sind und ein paar bescheuerte Hobbits dir in den Hintern pieken wollten, glaubst Du jetzt wirklich, dass uns keiner mag und uns keiner helfen will?!?" Sie legte herausfordernd den Kopf schief.

„Naja, stimmt schon...", murmelte Marvin kleinlaut, der sich gerade furchtbar ertappt fühlte.

„Aber Marvin hat nicht ganz Unrecht", wandte Jens ein. „Warum sollten uns andere Wesen dabei helfen, einen Drachenpfadfinderstamm zu gründen? Also warum sollte sie das interessieren?"

„Und warum ladet ihr nicht gleich **alle** Wesen ein, einen Pfadfinderstamm zu gründen? Müssen doch nicht nur Drachen sein... Vielleicht gibt's ja auch Kaninchen, die einen Stamm gründen wollen... oder Schafe... oder Wüstenkamelhühner... oder Hamster...", meldete sich Oli zu Wort, der gerade aufgewacht war.

Erstaunt schweigend blickten ihn die drei Drachen an.

„Naja", fuhr Oli fort, „also, wenn schon Gemeinschaft, dann doch gleich richtig, oder?" Er zuckte fragend die Flügel.

„Hat er recht!", kommentierte Hannah nach einer Weile knapp.

Die beiden anderen nickten.

„Also gut", sagte Marvin schließlich, „dann also ein riesiges Pfadfindergründungstreffen aller Wesen, die mitmachen wollen..."

„Wir brauchen einen ziemlich großen Platz...", fügte Jens grübelnd hinzu.

„Und es wird ziemlich aufwendig...", gab Hannah zu bedenken.

„Schon", erwiderte Marvin, dem die Idee immer besser gefiel, „aber nicht unmöglich. Ich meine, wie heißt es so schön: Pfadfinder sind genügsam. Und wenn jeder etwas mitbringt... es könnte klappen."

„Ja, könnte es", stimmte Jens zu und begann zu lächeln.

„Könnte es", erwiderte auch Hannah und grinste verschmitzt.

„Wird es!", sagte Oli entschieden.

„Oh wie wunderbar, mein Liebling!", ließ sich nun auch die erwachte Julia vernehmen. „Meinst Du, ein Halstuch könnte auch mir stehen?"

„Aber gewiss doch, meine Liebe, gewiss!" gluckerte Oli sanft.

Wer nun meint, dass dies doch recht merkwürdig wäre, wie drei Drachen und zwei Wasserhühner es hinbekommen sollten, tausende von Flugblättern zu erstellen und zu verbreiten und ein solches Treffen vorzubereiten, der sollte vielleicht nochmal die vorangegangenen Geschichten lesen - und sich DANN nochmal über Merkwürdigkeiten beklagen.

Das ganze Leben besteht aus Merkwürdigkeiten und das ist auch gut so. Denn wenn im Leben nichts würdig wäre, dass man es sich merkt, dann läuft irgendwas grottenfalsch...

Die kommenden Tage und Wochen waren die drei Drachen vollauf damit beschäftigt, ihren Plan in die Tat umzusetzen. Eine Wiese, die ausreichend Platz bot, war bald gefunden, Flugblätter geschrieben, vervielfältigt und verteilt - und der große Tag rückte näher...

Oli und Julia hatten sich derweil aufgemacht, um indische Wüstenkamelhühner aufzusuchen.

„Wir danken euch vielmals!", sagte Oli, als die beiden eines Morgens aufbruchsbereit vor ihnen standen. „Wirklich! Ohne euch", fügte Oli an, „wären wir nie von unserem dummen Strand weggekommen, hätten nie die Welt kennengelernt, Wüstenkamelhühner getroffen, einen Klobürstenberg gesehen - und die unendlichen Möglichkeiten, die das Leben so bietet!"

Und obwohl niemand an seinem Kamm gedreht hatte, tropfte es Oli plötzlich aus Augen und Schnabel...

Julia hielt ihren Oli im Arm und sah in verliebt an.

„Ja", ergänzte sie, „wir haben nämlich beschlossen, fortan Forscher zu werden und die Lebensweisen der verschiedenen Wesen zu studieren. Mit den indischen Wüstenkamelhühnern fangen wir an." Sie lächelte glücklich.

„Sehen wir uns denn zum großen Treffen wieder?", Marvin schaute die Beiden wehmütig an. Irgendwie hatte er sie so richtig in sein Drachenherz geschlossen...

„Na, das lassen wir uns doch nicht entgehen!", antwortete Julia glucksend und zwinkerte ihm zu.

„Na dann... Gut Pfad!", sagte Jens und hob seine Klaue und Marvin und Hannah taten es ihm nach.

„Gut Pfad!", riefen die beiden Hühner und winkten fröhlich, als sie sich umdrehten und langsam im Licht der aufgehenden Sonne verschwanden.

Nach einigen weiteren arbeitsreichen Tagen saßen Marvin, Jens und Hannah schließlich erschöpft aber glücklich abends am Feuer.

„In einer Woche ist es soweit", murmelte Hannah.

„Ich glaub, ich muss pieseln", sagte Jens.

„Nur mit der Ruhe", beschwichtigte Marvin. „Wird schon werden. Aber eine Sache müssen wir noch erledigen..."

Fragend sahen ihn die anderen Beiden an. „Wir brauchen ein Zelt...", antwortete Marvin ihrem Blick.

Und tatsächlich - und das ist eine Merkwürdigkeit, die vielleicht doch nochmal erwähnenswert ist - fanden die drei Drachen einen Stoffhändler, der bereit war, ihnen eine drachengemäße Jurte zurechtzuschneidern. Das allein ist in Indien noch nicht so verwunderlich, sind die Inder doch für ihre schönen Stoffe bekannt. Die Merkwürdigkeit war, dass jener

Mensch ausnahmsweise NICHT Reißaus nahm, als er die drei Drachen in der Tür seines kleinen Ladens entdeckte. Ja, vielmehr: er schien hocherfreut und glücklich, solche Wesen zu treffen. Und er erklärte sich sogar bereit, ihnen gänzlich ohne Bezahlung ein solches Zelt zu erstellen - wenn er allein ein Selfie mit seinen außergewöhnlichen Kunden machen dürfte...

Dann war der große Tag da. In der Mitte der Wiese erhob sich die große Drachenjurte und schon am frühen Morgen standen Hannah, Marvin und Jens davor und hielten Ausschau nach ihren Gästen - unsicher, wie viele wohl kommen würden... und ob überhaupt!

Doch ihre Sorge sollte sich als unbegründet erweisen. Tatsächlich waren viele Wesen ihrer Einladung gefolgt... sehr viele... sehr, sehr viele... sehr, sehr, sehr viele... Und noch mehr...

Nach und nach begann sich, die Wiese zu füllen. Und überall erklang das Klopfen und Hämmern, wo Heringe in die Erde geschlagen wurden, das Flattern von Zeltbahnen und gerufene Kommandos beim Aufbau.

Die Füchse waren ganz geschickt und bauten sich unter ihr Zelt zusätzlich einen Bau. So nahm das Zelt nur vergleichsweise wenig Platz ein.

Sogar die Pinguhühner waren gekommen und hatten eigens einen transportablen Iglu mitgebracht. Leider schmolz er schon während des Aufbaus, so dass die Pinguhühner am Ende ziemlich bedröppelt vor einer riesigen Wasserlache standen, die ihr Zelt hätte sein sollen.

Glücklicherweise hatten ein paar Wüstenkamelhühner ihr Lager direkt neben ihnen aufgeschlagen und halfen nun mit ein paar Zeltbahnen aus. Aus der Ferne sah Marvin inmitten der Wüstenkamelhühner Julia und Oli. Julia trug ein wunderschönes, gepunktetes Halstuch, das sie eigens mit einer Spitzenborte versehen hatte. Es stand ihr wirklich ausgezeichnet. Fröhlich winkte sie dem Drachen zu.

Luise Schiller

Er wollte sich gerade zu ihr auf den Weg machen, als ihn ein Rufen zurückhielt.

„Maaaaarvin!“, quietsche Finja und rannte auf den Drachen zu, gefolgt von der etwas gemächlicher wandernden, fröhlich grinsenden Hennriette-Frieda und den restlichen Pfadfinderhühnern. Nicht weit vom Drachenzelt errichteten sie ihr Lager.

Und als die Sonne untergegangen war, begannen zwischen den Zelten hier und da kleine Lagerfeuer aufzulodern. Öllampen wurden entzündet... überall leuchteten kleine Punkte auf der riesigen dunklen Wiese auf - einem Sternenhimmel gleich, der sich auf die Erde gelegt hatte.

Marvin stand vor der Drachenjurte, die sich ebenfalls mit weiteren Drachen, die zum Treffen gekommen waren, gefüllt hatte. Von drinnen erklang dröhnendes Drachengelächter und das Stimmengewirr etlicher Erzählungen.

„Ich bin so glücklich...", wisperte Marvin zu sich selbst und blickte über die funkelnde Wiese. Eine Träne kullerte ihm übers Gesicht.

Wenig später versammelten Hannah, Jens und Marvin alle Wesen zu einer Ansprache.

„Liebe Wesen, die ihr hierhergekommen seid... Pinguhühner, Hamster, Katzen, Wüstenkamelhühner, Kaninchen, Füchse..."

In der Menge sah er Karl mit einem halstuchtragenden Rudel und nickte ihm freundlich zu. Karl grinste breit.

„Alle, die ihr euch auf den Weg gemacht habt, um die Idee der Pfadfinderei wahr zu machen... seid herzlich willkommen!" Johlender Applaus brandete auf.

„Willkommen - und Danke! Danke von Herzen! Danke, dass ihr mitmacht, euch auf diesen Weg wagt... gemeinsam und in Frieden... ob Fuchs oder

Huhn, Löwe oder Lamm..." Ein freundliches Brüllen ertönte von der Seite, sogleich gefolgt von einem fröhlichen „Mööööh".

„Danke", fuhr Marvin etwas ruhiger, fast andächtig fort. „Danke nicht zuletzt dafür, dass ihr alle uns geholfen habt, dass wir Drachen uns wiedergefunden haben, hier und heute..." Für einen kleinen Moment der Rührung war alles still. Dann erscholl abermals lauter Jubel.

„Lasst uns alle gemeinsam eine gute Zeit verbringen, mit Singen, Lagerfeuer, Marshmallows, mit gegenseitigem Kennenlernen, Freundschaften schließen... Stammesgründungen..." Wieder johlte die Menge. „... und einem guten Miteinander!"

Noch lange brannten in dieser Nacht die Lagerfeuer, noch lange schallten Lieder und Lachen über die Wiese...

Doch als die Sonne schon den ersten hellen Streifen über den östlichen Horizont malte, fielen auch die hartnäckigsten Pfadfinder ins Bett.

Ruhe kehrte ein. Und still, nur von einigen Öllampen erhellt, lag die große Wiese da.

... bis plötzlich ein gellender Ruf über den Platz schallte:

„Feuer! Feuer! Hilfe! Feuer bei den Hühnern!"

Noch im Schlafanzug waren die Hühner aufgeregt aus dem brennenden Zelt geflattert. Oli war sofort zur Stelle und tat, was er konnte.

Doch alle Mühe war vergebens.

Hannah Ganzer

Traurig blickten die Hühner auf die Flammen, die unaufhaltsam ihre Jurte verschlangen.

„Wie konnte das denn passieren?“, japste Marvin, der aus seinem Zelt gerannt kam.

„Die Öllampe“, erklärte Hennriette-Frieda. „Irgendwer ist im Schlaf wohl dagegen gekommen und hat sie umgeschmissen... Naja, und unsere Strohfeldbettennester haben dann sofort Feuer gefangen. Nur gut, dass niemandem etwas passiert ist...“ Tröstend nahm sie den kleinen Friedrich in den Arm, der weinend neben ihr stand.

„Gebt uns die Ehre...“, meldete sich Achmed, das Touaregwüstenhuhn, das plötzlich, stolz und aufrecht neben ihr stand, „und nehmt unsere Hilfe an: wir werden Euch morgen ein neues Zelt bauen!" Die Touaregwüstenpfadfinderhühner brüllten zustimmend und reckten die Flügel in die Höhe.

„Das ist wirklich freundlich", sagte Hennriette-Frieda und nickte Achmed höflich zu.

Der breitete die Flügel aus und lächelte jovial: „Hey, wozu ist man Pfadfinder, he?

„Aber wo bleiben wir denn für diese Nacht?", wisperte Luise bekümmert.

„Hier! Hier bei uns!"

„Ihr könnt auch zu uns kommen!"

„Oder ihr kommt zu uns!"

Die anwesenden Wesen überschlugen sich förmlich, ihre Hilfe anzubieten.

„Ihr könnt auch gerne bei uns bleiben," bemerkte Karl und sah Hennriette-Frieda erwartungsvoll an.

Für einen Moment wusste das Huhn gar nicht, wie sie sich entscheiden sollte.

„Das ist wirklich nett, Karl. Aber bitte nimm es nicht übel - wir Hühner haben es nicht so mit Höhlen..."

„Na, dann bleibt bei uns...", schlug Jens vor. „Wir haben nun wahrlich viel Platz."

„Ich möchte gern zu Marvin...", flüsterte Finja.

„Also gut", sagte Hennriette-Frieda. „Dann bleiben wir jetzt erstmal bei den Drachen. Und, Achmed...", damit wandte sie sich an das Touaregwüstenhuhn, „vielen Dank für Eure Hilfe. Und Euch allen", rief sie den Wesen zu, „für eure Hilfsbereitschaft."

So schnell, wie am nächsten Morgen das Ersatzzelt für die Hühner aufgebaut wurde, konnte man gar nicht gucken. Alle halfen mit und schon eine halbe Stunde später konnten die Hühner ihr neues Heim beziehen.

Noch drei weitere Tage verbrachten die Pfadfinderwesen auf dieser Wiese.

Mila Dieckmann

Und so unterschiedlich und fremd man am Anfang gewesen sein mochte - in diesen drei Tagen hatte sich tatsächlich auf seltsame - und ja, im wahrsten Sinne des Wortes: merk-würdige - Weise ein Band gewebt zwischen all den Wesen; eine Gemeinschaft, die - so waren sie sich gewiss - auch über die Entfernung für immer halten würde.

Am letzten Abend saßen sie noch einmal in großer Runde um ein riesiges Lagerfeuer zusammen.

„Eigentlich“, so murmelte ein Pfadfindermurmeltier namens Max, „müsste man doch ein Zeichen setzen. Also eins, das bleibt. Etwas, wo man hinkommen kann, um sich daran zu erinnern, an Gemeinschaft, Frieden, gutes Miteinander. Und dass es so ganz anders geht, als die Welt einen manchmal glauben lassen will…“

„Das ist eine schöne Idee…“, meinte Marvin, der neben dem Murmeltier saß.

„Wie wär's denn…“, fragte ein Kaninchen, das auf den Namen Jessie hörte und auf der anderen Seite von Marvin Platz genommen hatte, „…ich hab hier noch einen alten Apfelkern von meinem Mittagessen…, wenn wir den einpflanzen… vielleicht wächst ja ein Baum daraus…“

„Und wenn morgen die Welt unterginge, so würde ich heute noch ein Apfelbäumchen pflanzen…“, murmelte Hannah gedankenverloren.

Gesagt, getan. Gemeinschaftlich gruben Füchse und Kaninchen eine kleine Kuhle. Und inmitten des Kreises, den die Pfadfinderwesen feierlich gebildet hatten, legten sie den Apfelkern in die Erde…

„Und nächstes Jahr“, erklärte Jens spontan, „treffen wir uns hier wieder. Und dann schauen wir nach, was aus unserem Apfelbaum geworden ist!“

„Auja, auja!“, jubelten die Wesen im Rund und klatschten.

Und so geschah es. Im nächsten Jahr. Und im Jahr darauf. Und in dem folgenden… Immer weiter wuchs das Bäumchen - und mit ihm die Gemeinschaft der Pfadfinder.

Irgendwann, nach etlichen Jahrzehnten, war das Bäumchen zu einem stattlichen Baum herangewachsen. Die, die damals mit der Idee begonnen hatten, waren irgendwann einen Schritt zurückgetreten und hatten jüngeren Pfadfindern die Leitung und Gründung neuer Stämme überlassen.

Aber immer noch traf man sich, dort, im Schatten des riesigen Apfelbaums und feierte fröhlich die Gemeinschaft, den Frieden und das gute Miteinander. Sie erzählten die Idee der Pfadfinder weiteren Wesen.

Und irgendwann erzählte es ein Wesen den Menschen.

Seitdem gibt es auch unter den Menschen die Pfadfinder.

Und wer ist schuld daran? Die Hühner natürlich.

Josephine Oberhammer und Fiona Zepmeisel

Die Pfadfinder „Fläminger Wölfe“

... haben sich im Juni 2011 in der evangelischen Kirchengemeinde Niedergörsdorf im Gebiet des Niederen Flämings in Brandenburg gegründet. Sie gehören dem Ring evangelischer Gemeindepfadfinder (REGP) an.

Am Anfang hätte wohl kaum jemand damit gerechnet, dass sich der Stamm an diesem Ort wirklich lange hält. Denn die Pfadfinderei samt Kluft mit Hemd und Halstuch war auf dem Gebiet der neuen Bundesländer bei vielen Menschen verpönt. Das lag vor allem an der rein äußerlichen Ähnlichkeit zu Hemd & Halstuch tragenden DDR-Jugendorganisationen, an die so mancher keine gute Erinnerung hat. Dass die seit 1908 existierende Pfadfinder-Idee von verschiedenen Regimen immer wieder „gekapert“ und für ihre Zwecke missbraucht wurde, mussten wir erklären.

Inzwischen gibt es uns unglaubliche neun Jahre, in denen wir uns regelmäßig alle zwei Wochen treffen - zum Lagerfeuer, singen, Marshmallow grillen, spielen, Tierspuren suchen, Natur erkunden, basteln, Tschai trinken, rumblödeln, Knoten knoten, Zeltaufbau üben (für die Großfahrt einmal im Jahr) und gemeinsamen „Über-Gott-und-die-Welt" nachdenken und reden.

Wir sind ein recht kleiner Stamm von ca. 20 Pfadis; die Zusammensetzung hat sich über die Jahre hier und da geändert. Aber: wir sind geblieben! Und so manch „kleiner Wölfling" aus der Anfangszeit macht inzwischen Abitur...

Wenngleich Wölfe nicht überall den besten Ruf genießen, haben wir sie doch als Namensgeber gewählt. Zum einen, weil sich zu der Zeit in der Nähe von Niedergörsdorf erstmals wieder diese (durch den Menschen fast ausgerotteten) Tiere angesiedelt haben; zum anderen, weil Wölfe allem schlechten Leumund zum Trotz ein ausgeprägtes, gutes Sozialverhalten im Rudel haben. Insofern waren sie uns in zweifacher Weise fast so etwas wie ein Vorbild.

Die „Fläminger Wölfe", das waren zur Entstehungszeit dieser Geschichten bzw. sind aktuell: Hannah, Marvin, Niklas, Ronja, Jessie, Emilia, Finja, Leo, Max, Willy, Arslan, Karl, Friedrich, Luise, Josephine, Frieda, Kiara, Fiona, Leander, Jule, Ines, Oli und Jens. Mila ist als Gast dabei. Ein herzlicher Dank gilt auch Heiko Krischker für seinen Beitrag in diesem Buch.

Pfarrerin
Ines Fürstenau-Ellerbrock

Frau Ines Fürstenau-Ellerbrock wurde am 17.1.1971 in Berlin geboren. Sie studierte zunächst Religionswissenschaft (in Berlin und Zürich) und dann in einem zweiten Studiengang evangelische Theologie (in Kiel).

Nach dem Studium arbeitete sie als Jugendregionalwartin in Flensburg und später in einer Einrichtung für psychisch kranke Menschen.

Am 1. Oktober 2010 nahm sie ihre Arbeit in Niedergörsdorf auf. Dort ist sie zu 75% als Gemeindepfarrerin und zu 25% in der kreiskirchlichen Jugendarbeit tätig.

Verlagsreihe „Kinder malen und schreiben für Kinder“

Dieses Buch entstand im Rahmen der Projektreihe „Kinder malen und schreiben für Kinder“©. Es handelt sich hierbei um Kunstprojekte, in denen Kinder und Jugendliche Bücher textlich und illustratorisch gestalten.

Diese Projekte fördern die Phantasie, Kreativität, gestalterischen Fertigkeiten und die Teamfähigkeit der kleinen Künstler*innen.

Inzwischen sind in unserem Verlag 14 Bücher dieser Art entstanden. Wir freuen uns, mit ihnen Freude und Anregungen an andere Kinder weitergeben zu können.

Weitere Informationen finden Sie unter:
https://www.verlag-andreaschroeder.de/Projekte

Verlag Andrea Schröder

Wir machen die Welt ein klein bisschen schöner.